山东省中等职业教育课程改革教材

GUOJI
MAOYI
JICHU

国际贸易基础

主　编　李晓虹　　王晓莉

副主编　郝　佳　王丽红　郑淑洁　郭　雪

山东出版传媒股份有限公司

山东人民出版社·济南

国家一级出版社 全国百佳图书出版单位

图书在版编目（CIP）数据

国际贸易基础/李晓虹，王晓莉主编.--济南：
山东人民出版社，2018.8（2021.2重印）
ISBN 978-7-209-11462-2

Ⅰ．①国… Ⅱ．①李… ②王… Ⅲ．①国际贸易-中
等专业学校-教材 Ⅳ．①F74

中国版本图书馆CIP数据核字(2018)第187321号

国际贸易基础

李晓虹　　王晓莉　　主编

主管部门　山东出版传媒股份有限公司
出版发行　山东人民出版社
出 版 人　胡长青
社　　址　济南市英雄山路165号
邮　　编　250002
电　　话　总编室（0531）82098914
　　　　　市场部（0531）82098965
网　　址　http://www.sd-book.com.cn
印　　装　日照报业印刷有限公司
经　　销　新华书店

规　　格　16开（184mm×260mm）
印　　张　10
字　　数　170千字
版　　次　2018年8月第1版
印　　次　2021年2月第3次
ISBN 978-7-209-11462-2
定　　价　22.00元
　　　　　如有印装质量问题，请与出版社总编室联系调换。

《国际贸易基础》编委会

前 言 | PREFACE

《教育部关于深化职业教育教学改革全面提高人才培养质量的若干意见》指出：要"加快完善教材开发、遴选、更新和评价机制"，"把教材选用纳入重点专业建设、教学质量管理等指标体系"。本教材严格贯彻教材开发建设的有关要求，根据《山东省中等职业学校国际贸易专业教学指导方案（试行）》规定的课程标准编写，同时有效覆盖了《2018年山东省普通高等学校招生考试（春季）考试说明》最新的考点内容。

教材以国际贸易的产生和发展为主线，紧密结合当前国际贸易的发展状况以及我国对外贸易的实践，以帮助中职学生树立正确的国际贸易观念、培养学生从事国际贸易的职业能力和实践能力为核心，系统介绍了国际贸易基本政策、基本原理及关键业务知识；教材适应国际贸易专业课程体系教学改革的需要，运用案例教学法和项目训练法，系统阐述了国际贸易的基本知识和核心理论，突出对学生职业技能的训练和培养，具有中等职业教育的鲜明特性。本教材同时也适合高职学生使用。教材编写具有以下几个突出特点：

1.教材内容新颖，体现国际贸易专业领域的新知识、新变化。在编写过程中关注国际贸易领域的新趋势、新变化，将最新的变化体现在教材中。教材内容紧随经济贸易环境的发展变化而调整，尽可能地吸收近年已有的教学、科研成果以及实践中总结出来的新知识，以便学生学到的知识能贴近时代。

2.注重理论联系实际。本教材将抽象的理论应用于分析实际问题，每个项目都有与理论知识相对应的实际案例，以便学生结合理论进行分析、思考和借鉴，由浅入深地掌握国际贸易基础知识的重要概念、原理、方法。

3.强调知识系统化。本教材共分8个项目，内容包含了国际贸易理论、政策、措施等几个方面内容，重点在理论解释方面。基本上涵盖了国际贸易专业学生及从事经济、贸易、管理等方面工作的业务人员应掌握的国际贸易基础知识。

4.教材编写生动活泼，可读性强。教材在编写上尽可能做到浅显易懂地介绍国际贸易理论知识，避免生涩、繁琐和难以理解的模型推理与证明，将概念漫画化、任务形象

化、逻辑图表化。

  由于编写时间仓促，加之编写水平有限，书中疏漏和不妥之处在所难免，敬请读者批评指正。

编　者

2018 年 7 月

目 录 | CONTENTS

项目一

国际贸易概述

案例导入
AN LI DAO RU >>>

"一带一路" 与国际贸易

回顾历史，两千多年前，一些国家就通过海陆两条丝绸之路开展商贸往来。从张骞出使西域到郑和下西洋，海陆两条丝绸之路把中国的丝绸、茶叶、瓷器等输往沿途各国，带去了文明和友好，赢得了沿途各国人民的赞誉和喜爱。如今，随着中华民族的再次崛起，中国在更多方面有能力帮助别国。特别是作为制造业大国，中国不仅可以输出物美价廉的日常生活用品，而且能够向世界提供更多的技术和设备。2013年，国家主席习近平提出了一个倡议——共建"丝绸之路经济带"和"21世纪海上丝绸之路"（简称"一带一路"）。

据中国经济网报道，2013年，中国与"一带一路"沿线国家的贸易额超过1万亿美元，占中国外贸总额的1/4。过去10年，中国与"一带一路"沿线国家的贸易额年均增长19%。未来的几年里，中国将进口10万亿美元的商品，对外投资将超过5000亿美元，出境游客数量将达到5亿人次，周边国家以及"一带一路"沿线国家将率先受益。

2015年是"一带一路"构想完成规划并启动实施的一年。

这一年，"一带一路"建设在欧亚地区率先取得显著进展。中俄作为欧亚大陆的两个大国，进一步协调各自发展战略，签署了丝绸之路经济带建设同欧亚经济联盟建设对接合作的联合声明。

这一年，"一带一路"建设把中国与欧洲的发展更加紧密地联系在一起，中欧决定对接"一带一路"和欧洲投资计划。其中，中英探讨了"一带一路"建设与英国基础设施改造和"英格兰北部经济中心"建设的对接问题，中德建立了"中国制造2025"同"德国工业4.0"对接协调机制。

"一带一路"倡议正在世界各国人民心中落地生根。复兴丝绸之路，一幅横贯东西、共谋发展的宏大蓝图正铺展开来。有梦想，有追求，有奋斗，一切都有可能。中国人民有梦想，世界各国人民有梦想，这将给世界带来无限生机和美好前景。

思考：从两千多年前的"丝绸之路"到现在的"一带一路"，国际贸易对中国乃至世界的发展有着怎样的影响？

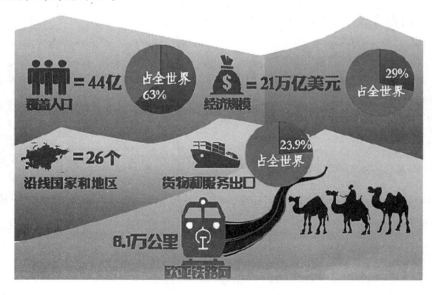

［知识一］ 国际贸易的含义

一、国际贸易与对外贸易

国际贸易（International Trade）又称全球贸易、世界贸易，是指国际间的货物和服务的交换活动。它由各国、各地区的对外贸易构成，是世界各国对外贸易的总和。

对外贸易（Foreign Trade）又称国外贸易、进出口贸易，是指一个国家（或地区）与另一个国家（或地区）间的货物和服务的交换活动。海岛国家，如英国、日本等，常用"海外贸易"表示对外贸易。

从一个国家（或地区）范围来看，相应的货物和服务的交换活动称为对外贸易；从全球范围来看，这种交换活动就称为国际贸易。

国际贸易和对外贸易有广义和狭义之分：包括货物和服务的国际贸易和对外贸易称为广义的国际贸易和对外贸易；不把服务包括在内的国际贸易和对外贸易则称为狭义的国际贸易和对外贸易。

二、对国际贸易含义的理解

对国际贸易的含义，可以从以下几个方面来理解：

1. 国际贸易是不同国家间的商品和服务交换。国际贸易是以国家的存在为前提的，没有国家就没有国际贸易。国际贸易的产生应该具备两个基本条件：

（1）有剩余产品可供交换；

（2）商品交换要在各自独立的国家实体之间进行。

社会生产力的发展和社会分工的扩大，是国际贸易产生和发展的基础。国际贸易是人类社会发展到一定历史阶段而出现的经济现象，它随着国家的产生而产生，也随着国家的发展而不断扩大和发展。

2. 国际贸易反映的是有形商品和无形商品（技术和服务等）的交换关系，还可通过贸易利益的分配来反映不同国家之间、集团之间，甚至企业之间的经济地位和政治外交关系。国际贸易现已成为各个国家对外关系的重要基础和纽带，它是人类文明发展的基石。

3. 国际贸易是各国生产在流通领域的延伸（商品流通超越了国界），是再生产过程中的重要组成部分，对再生产过程起着积极或消极的作用。一个国家的国际贸易做得好，可以促进国民经济的发展，加速和扩大再生产。

3

4.国际贸易是衡量国民经济发展程度的标准之一。国际贸易的内涵在不断丰富和扩展，规模和范围在不断扩大，方式也日趋多样化。今天的国际贸易不再是简单偶然的、可有可无的物质交换，也不仅是调剂余缺、互通有无的平衡措施，而是各国发挥比较优势、参与国际分工、加速经济发展的必由之路。

5.国际贸易是世界各国在经济上、科学技术上相互联系、相互依赖，进行国际分工的纽带。当今世界，生产力的发展、科学技术的进步和国际间经济联系的加强，使得所有的国家都必须在国际贸易环境下生存。

········○ **思辨提升** ○········

> **问 题** 中国大陆与台湾、香港、澳门之间的贸易属于国际贸易吗？为什么？
>
> **分析提示** 国际贸易是指不同国家和地区之间的商品交换活动，其中"地区"指的是有独立关税制度的地区，所以国际贸易也可以理解为不同关境之间的商品交换活动。

［知识二］ 国际贸易的基本概念

为了更好地学习国际贸易课程，了解国际贸易发展的过程，分析国际贸易出现的问题，解读国际贸易现象，培养国际贸易专业思维，对国际贸易的基本概念进行系统的学习很有必要。国际贸易的基本概念如下。

一、贸易差额

贸易差额（Balance of Trade）是指一个国家（或地区）在一定时期内（通常为一年，也可为半年、一季度、一月），出口总额与进口总额之间的差额。

贸易差额是衡量一国对外贸易状况的重要指标，也是表示一个国家经济状况和国际收支状况好坏的重要指标。根据贸易进出口额的不同，贸易差额可分为三种情况：

（1）当出口总额大于进口总额时，出现贸易盈余，称"贸易顺差"或"出超"；

（2）当进口总额大于出口总额时，出现贸易赤字，称"贸易逆差"或"入超"；

（3）当出口总额与进口总额相等时，称为"贸易平衡"。

通常，贸易顺差以正数表示，反映一国在国际贸易收支上处于有利地位；贸易逆差以负数表示，反映一国在国际贸易收支上处于不利地位（如图1-1所示）。

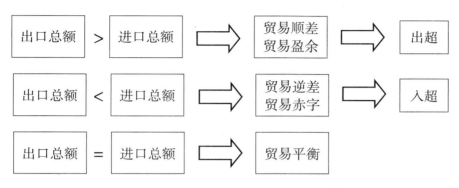

图1-1 贸易差额的三种情况

一个国家或地区在一定时期内的贸易表现为顺差还是逆差，主要取决于其进出口的商品种类、数量、价格水平以及当时的国际经济形势等因素。2016年全球货物进出口差额排名情况如表1-1所示。

表 1-1 　　　　　　　　2016年全球货物进出口差额排名表

国家和地区		进出口差额（亿美元）			进出口差额排名	
		2016	2015	增速（%）	2016	2015
世界	顺差合计	17132.15	17753.86	-3.50	...	...
	逆差合计	-18886.48	-19436.37	-2.83	...	...
中国大陆		5107.30	5939.02	-14.00	1	1
德国		2847.55	2753.73	3.41	2	2
俄罗斯联邦		904.19	1485.13	-39.12	3	3
韩国		892.34	902.57	-1.13	4	4
荷兰		662.91	565.27	17.27	5	5
意大利		570.79	463.85	23.05	6	9
爱尔兰		527.00	473.53	11.29	7	8
中国台湾		497.53	481.24	3.38	8	7

（续表）

国家和地区	进出口差额（亿美元）			进出口差额排名	
	2016	2015	增速（%）	2016	2015
新加坡	468.48	498.93	-6.10	9	6
巴西	418.06	123.02	239.82	10	22
阿拉伯联合酋长国	409.00	410.00	-0.24	11	11
日本	380.06	-231.95	...	12	193

········○ **思辨提升** ○········

问题　阅读下文，分析贸易顺差是不是越大越好？

国家外管局：2015年上半年中国贸易顺差超万亿

2015年6月，我国国际收支口径的国际货物和服务贸易收入12468亿元，支出10461亿元，顺差2007亿元。其中，货物贸易收入11202亿元，支出8287亿元，顺差2915亿元；服务贸易收入1266亿元，支出2174亿元，逆差908亿元。

2015年1—6月，我国国际收支口径的国际货物和服务贸易收入68797亿元，支出58767亿元，顺差10030亿元。

按美元计价，2015年6月，我国国际收支口径的国际货物和服务贸易收入2038亿美元，支出1710亿美元，顺差328亿美元。其中，货物贸易收入1831亿美元，支出1355亿美元，顺差476亿美元；服务贸易收入207亿美元，支出355亿美元，逆差148亿美元。

按美元计价，2015年1—6月，我国国际收支口径的国际货物和服务贸易收入11227亿美元，支出9589亿美元，顺差1638亿美元。

分析提示　贸易顺差通常表示一国在对外贸易中处于有利地位，但巨额顺差可能招致贸易伙伴的报复。此外，顺差造成大量外币流入本国，会冲击本国的货币市场，易造成通货膨胀。

二、净出口与净进口

一个国家在同种商品上既有出口又有进口。在一定时期内，如果该商品出口数量大于进口数量，其差额称为净出口（Net Exports），该国为该商品的净出口国，表明该国在该项商品贸易中居于优势地位；如果该商品出口数量小于进口数量，其差额称为净进口（Net Imports），该国为该商品的净进口国，表明该国在该项商品贸易中居于劣势地位。在某一类商品上是净出口还是净进口，反映了一国在该商品的生产能力和消费能力上的高低。

例如，从1949年到2006年，我国累计钢材出口达5.96亿吨，进口5.94亿吨，特别是在2006年，我国钢材出口总量首次大于进口总量，这标志着钢铁产品对外贸易格局发生了历史性转变，我国由钢材净进口国转变为钢材净出口国。

知识窗

贸易差额与净出（进）口均是对比出口额与进口额的大小，但是两者表示的意义完全不同。贸易差额表示一个国家的出口额与进口额的大小关系，反映的是一个国家在整个国际贸易中的优劣地位；而净出（进）口表示一国在某个商品上的出口额与进口额的大小关系，反映的是一国在该项商品贸易中所处的优劣地位。

三、对外贸易值与对外贸易量

对外贸易值（Value of Foreign Trade）是指一定时期内（如一月、一季度、一年）一国的出口贸易值与进口贸易值之和。对外贸易值是反映一国对外贸易规模的重要指标之一，一般用本国货币表示，也可用国际上习惯使用的货币表示。因为美元长期以来是国际主要计量货币，所以为了便于国际间的比较，许多国家和联合国都通行美元计量的方法。

国际贸易总值不是国际出口贸易值加上国际进口贸易值，因为一国的出口就是另一国的进口，不能重复计算。从世界范围看，一国的出口就是另一国的进口，似乎世界进口总额理应等于世界出口总额。但各国一般按离岸价格（FOB只包括成本）计算出口额，按到岸价格（CIF包括成本、运费和保险费）计算进口额。因此，世界出口总额往往小于世界进口总额。如果把世界各国的进出口额相加作为国际贸易额，不仅会出现重复计算，而且没有任何独立的经济意义。进口额包括货物的成本、运费和保险费，很难真实地反映一国进口商品的总额，把所有国家的进口额加起来作为国际贸易额是不准确的。所以，国际贸易总值是指世界各国出口贸易值之和，是国际出口贸易总值。

知识窗

贸易术语是用来说明商品价格的构成，以及买卖双方在交接货物的过程中各自承担的责任、风险、手续和费用的。例如，FOB、CIF是国际贸易中最常见的两种贸易术语。

FOB全称Free on Board（named port of shipment），即装运港船上交货（指定装运港），是指将货物交到指定装运港船上，卖方即完成交货，不必承担交货后的一切风险和费用。

CIF全称Cost, Insurance and Freight（named port of destination），即成本加保险费和运费（指定目的港），是指将货物交到指定的装运港船上，卖方即完成交货，但卖方必须支付将货物运至目的港所需的运费，并支付费用取得保险。

········○ **思 辨 提 升** ○········

问题 既然国际贸易是世界各国对外贸易的总和，那为什么国际贸易额不是世界各国对外贸易额的总和？

分析提示 在计算国际贸易额时，不能简单地把世界各国的出口额与进口额加在一起，虽然一国的出口就是另一国的进口，但若两者直接相加，就会出现重复计算的情况，数据失真而且没有意义。

对外贸易值是用货币表示贸易的规模，虽然方便，但由于商品价格经常变动，所以它不能准确地反映一国对外贸易的实际规模，更不能将不同时期的对外贸易值直接进行比较。若用数量表示，就可以避免这个缺点，贸易量的概念由此产生。

对外贸易量原意是指用数量、重量、长度、面积、容积等计量单位表示进出口商品的多少和变化的实际情况。就一种商品来说，用计量单位表示是十分容易的，然而由于参加国际贸易的商品种类繁多，计量单位的标准各不相同，有大有小，差别很大，无法统一衡量，用计量单位来统计对外贸易或国际贸易的规模是不现实的。因此，为了反映贸易实际规模的发展变化，只能剔除价格变动的影响，以一定时期的不变价格来计算贸易量，以方便对不同时期的贸易规模进行比较。

对外贸易量（Quantum of Foreign Trade）是指以一定时期的不变价格为标准来计算的对外贸易值。由于计算贸易量可以得出能够准确反映贸易实际规模变动情况的数据，所

以许多国家和国际组织都采用这种方法。对外贸易量的计算公式为:

$$对外贸易量 = \frac{进出口额}{进出口价格指数}$$

$$进出口价格指数 = \frac{报告期价格}{基期价格} \times 100\%$$

将一定时期为基期的贸易量指数同各个时期的贸易量指数相比,就可以得出能够比较准确反映贸易实际规模变动的贸易量指数。

例如:某国2000年、2015年的对外贸易值和进出口价格指数如表1-2所示,请计算并说明该国2015年对外贸易量的变化情况。

表1-2　　　　　　　　某国2000年、2015年对外贸易值和价格指数

年份	2000年(基期)	2015年(计算期)
对外贸易值(百万美元)	6200000	10120000
进出口价格指数(2000年＝1)	1	1.26

首先,该国2015年的对外贸易量为:

$$\frac{10120000}{1.26} = 8031746(百万美元)$$

其次,以2000年为基期的贸易量和以2015年为计算期的贸易量相比较,就得出表示贸易量的指数,即:

$$\frac{8031746 - 6200000}{6200000} \times 100\% = 29.5\%$$

由此可见,剔除价格变动因素的影响后,该国2015年的对外贸易量比2000年增长了29.5%。

·······○ 思辨提升 ○·······

以2016年为基准年,甲国2016年出口价格指数为100%,出口贸易量为320亿美元;到2017年,甲国的出口价格指数下降3%,出口额为388亿美元。试通过计算出口贸易量,来判断甲国2017年相对于2016年出口贸易的实际变动幅度。

四、国际贸易条件

贸易条件（Terms of Trade，简称"TOT"）是指一个国家在一定时期内出口商品价格指数与进口商品价格指数之间的比率，又称为"进出口交换比价"或"交换比价"。它反映的是该国在宏观上对外贸易的经济效益状况。因一国的进出口商品品种繁多，无法直接用进出口商品的价格进行比较，所以，通常用一国在一定时期内的出口商品价格指数与进口商品价格指数进行对比。其公式为：

$$TOT = \frac{出口价格指数}{进口价格指数}$$

如果TOT＞1，出口商品价格指数高于进口商品价格指数，出口一个单位的产品能换回超过一个单位的进口产品，说明贸易条件好转，出口越多，交换越有利。

如果TOT＝1，贸易条件不变。

如果TOT＜1，出口商品价格指数低于进口商品价格指数，出口一个单位的产品无法换回一个单位的进口产品，说明贸易条件恶化，出口越多，从商品交换来看越不利，贸易条件甚至恶化到出口增加越多而收入反而减少的地步。针对这种现象，政府应积极采取措施，调整进出口商品结构，以扭转对外贸易的不利状况。

例如：以2016年为基准年，某国进出口价格指数均为100%；到2017年，出口商品价格上涨8%，进口价格下降4%，请计算2017年的国际贸易条件，并分析该国对外贸易状况。

$$TOT = \frac{108\%}{96\%} = 1.125$$

TOT＝1.125＞1，说明出口商品价格指数高于进口商品价格指数，即出口一个单位的产品能换回超过一个单位的进口产品，可以说该国的贸易条件好转，该国出口越多，对交换越有利。

五、外贸依存度

外贸依存度（Degree of Dependence on Foreign Trade），从定性的角度界定，是指一国的经济依赖于外贸的程度；从定量的角度界定，是指一国在一定时期内对外贸易总值与国内生产总值（GDP）或国民生产总值（GNP）之比。它能够衡量一国的经济依赖于外贸的程度。其计算公式为：

$$Z = \frac{X+M}{GDP（或 GNP）} \times 100\%$$

式中，Z 为外贸依存度，X 为出口总值，M 为进口总值。

第二次世界大战后，世界出口贸易值占世界国民生产总值的比重在逐年上升，世界各国之间的贸易联系越来越密切，对外贸易在各国国民经济中的地位也越来越高。

知识窗

出口依存度是指一国在一定时期内出口总值与国内生产总值（GDP）或国民生产总值（GNP）之比。其公式为：

$$Zx = \frac{X}{GDP（或 GNP）} \times 100\%$$

式中，Zx 为出口依存度，X 为出口总值。

另外，进口总值与国内生产总值（GDP）或国民生产总值（GNP）之比称为进口依存度，也称市场开放度。其公式为：

$$Zm = \frac{M}{GDP（或 GNP）} \times 100\%$$

式中，Zm 为进口依存度，M 为进口总值。

一般来说，在同样情况下，发达国家比欠发达国家的外贸依存度要高，小国比大国的外贸依存度要高。出口依存度比进口依存度更能真实地反映一国经济发展水平及其参与国际经济的程度。

外贸依存度过高，国内经济发展易受国外经济影响或冲击，世界经济不景气对本国经济冲击较大。外贸依存度过低，则说明没有很好地利用国际分工的好处。各国应根据本国国情，探讨在不同阶段如何选择本国最佳的外贸依存度。

例如：某国2017年的国内生产总值为60000亿美元，出口总值为2580亿美元，进口总值为2520亿美元，请计算该国当年的外贸依存度。

$$Z = \frac{X+M}{GDP} \times 100\% = \frac{2580+2520}{60000} \times 100\% = 8.5\%$$

则该国的外贸依存度为8.5%。

相关链接

2008—2017 年中国的外贸依存度

2008—2017年中国的外贸依存度如表1-3所示：

表1-3 　　　　　　　　2008—2017年中国外贸依存度

年份	中国外贸依存度（%）	年份	中国外贸依存度（%）
2008	57.29	2013	45.00
2009	44.24	2014	41.04
2010	50.57	2015	35.68
2011	50.10	2016	32.70
2012	47.00	2017	33.60

六、对外贸易商品结构与国际贸易商品结构

（一）对外贸易商品结构

对外贸易商品结构（Commodity Structure of Foreign Trade），是指一个国家一定时期内各类商品分别在进出口贸易额中所占的比重。

一个国家的对外贸易商品结构，主要是由该国的经济发展水平、产业结构状况、自然资源状况和贸易政策决定的。发达国家的对外贸易商品结构是以进口初级产品、出口工业制成品为主，发展中国家的对外贸易商品结构则是以出口初级产品、进口工业制成品为主。要了解一个国家的经济实力、科学技术水平，通常需要查看该国的对外贸易商品结构。

（二）国际贸易商品结构

国际贸易商品结构（Commodity Structure of World Trade），是指在一定时期内各类商品在进出口贸易总额中所占的比重。

在国际贸易中，通常把进出口商品分为两大类：一类是初级产品，即没有经过加工或仅经过很少加工的农、林、牧、渔、矿产品；另一类是工业制成品，即经过充分加工的工业品。第二次世界大战结束以来，国际贸易商品结构变化的总趋势是：初级产品的比重逐渐减少，工业制成品的比重不断增加，尤其是技术密集型产品的比重增加得更为迅速。随着人类科学技术的不断发展进步，技术因素在国际货物贸易发展中的作用日益

突出。电子技术、海洋及微生物技术、航空航天技术、环境保护技术、新材料技术等高技术产业及高技术含量的产品在国际货物贸易中的比重直线上升，并使国际贸易商品结构发生重大变化，出现了国际货物贸易商品结构的高级化趋势。

········○ 思辨提升 ○········

问题 阅读下列材料，分析我国对外贸易商品结构的发展变化对我国对外贸易的影响。

材料1：中国仍将是世界顶尖制造业目的地

2016年3月7日，英国"工业矿物"网站发文称，中国常被称为"世界工厂"，中国的制造业约占全球制造业总量的1/4。许多跨国企业因为中国的制造业实力而转向这个亚洲市场。现在，中国仍是世界头号工业制造国。

首先，中国国内有大量能源和金属矿产，可以有效降低制造成本。此外，中国国内的巨大需求潜力、稳定的劳动力、出色的基础设施和覆盖全国的网络也吸引了世界各国的目光。今后，中国仍会是"亚洲工厂"的中心，对于想要与亚洲建立制造业联系的外国企业而言，中国仍然至关重要。

材料2：2015年中国在全球电子产品中的主导权上升，排名第二

2015年，全球的厂商设计智能手机、笔记本电脑以及电视等数码产品时，曾对不同国家和地区的半导体购买能力进行排名，中国首次超过日本排名第二，仅次于美洲。零部件在按企业的排名中，韩国的三星电子居全球之首，美国苹果、中国联想和美国戴尔紧随其后。日本排名最高的企业是索尼，位列第七。

中国在地区排名中上升到第二位，是因为联想和华为等中国企业的品牌影响力正在增强，中国制造正在逐渐转型，从只能接受日美欧订单的"世界工厂"转变为生产自主成品的创造方。

高德纳公司日本首席分析师山地正恒认为，"日本研发新产品的能力正在日

益衰退"。不能生产最终产品，就无法掌握零部件的主导权，可能会招致整个行业的衰退。

材料3：846辆13亿美元！中国中车获美地铁最大订单

中国中车公司发布公告称，美国当地时间2016年3月9日（北京时间3月10日凌晨），美国芝加哥交通管理局通过官网正式宣布，公司下属控股子公司中车青岛四方机车车辆股份有限公司与其下属全资子公司中国南车美国有限责任公司组成的联合体中标芝加哥7000系地铁车辆采购项目，该项目标的数量846辆车，标的金额为13.09亿美元。

《环球时报》援引美国《芝加哥论坛报》9日的报道称，这一订单是芝加哥运输管理局历史上最大规模地铁客车采购订单，相当于该市客车总量的一半。中车公司10日透露，这不仅是芝加哥历史上规模最大的一次轨道车辆采购，也是迄今为止中国轨道交通装备企业向发达国家出口的最大地铁车辆项目，"中国造"地铁将登陆美国芝加哥。

分析提示 我国的对外贸易商品结构正在发生变化，从进口工业制成品为主逐渐转向工业制成品的出口，高附加值产品的出口必然会带动国内相关行业的发展，提高我国在国际贸易中的地位，增加竞争优势，促进我国经济与贸易的发展。

七、国际贸易地理方向

国际贸易地理方向（International Trade by Regions），是指国际贸易的地区分布和商品流向，也就是各个地区、各个国家在国际贸易中所占的比重和地位，用各国的出口额（或进口额）占世界出口贸易总额（或进口贸易总额）的比重来表示。国际贸易地理方向可以表明各国和各洲在国际贸易中的地位。在世界贸易额中所占的比重，欧洲一直名列榜首，而非洲最为落后，就国别来说，美、日、德、法、英等主要发达国家所占比重最大，少数几个发达国家的贸易额比世界其余所有国家的总和还要大。发达国家在国际贸易乃至在世界经济格局中占主导地位。

从一国角度看，国际贸易地理方向是指一国对外贸易的地区分布和国别分布状况，一国的进口商品来源国和出口商品目的国的分布状况，表示一国与不同地区和国家的经济贸易联系程度，在某些情况下也可表示一国的外贸地位。如A国的来源国以发达国家为主，目的国以发展中国家为主，B国与之相反，则A国的贸易地位乃至经济发展水平不及B国。

就我国而言，随着经济社会各方面的迅速发展，我国的对外贸易规模不断扩大，在世界贸易中的比例也不断提高，已进入世界贸易大国的行列。2013年，我国进出口贸易总额为3.87万亿美元，当年超过美国的3.82万亿美元，首次成为世界第一大进出口贸易国。与1978年的167.6亿美元相比，我国的进出口贸易总额增长了惊人的230倍！

我国对外贸易增长主要依赖于传统的贸易伙伴国(地区)市场，出口市场主要集中在欧盟、美国和日本，对这三个市场的依赖程度一直很高，这种情况随着"一带一路"建设的深入推进，正在发生改变。

·······○ **思辨提升** ○·······

问题 2013年，国家主席习近平提出了建设"一带一路"的倡议，请分析，该倡议的实施将对我国的对外贸易地理方向产生怎样的影响？

分析提示 "一带一路"建设倡议的实施将促进亚洲、欧洲甚至非洲的联通与合作，这势必导致我国的对外贸易地理方向偏向于"一带一路"沿线的国家和地区。

［知识三］ 国际贸易的分类

随着国际贸易的发展，国际贸易交易的商品范围不断扩大，结算工具不断更新，参与的国家越来越多，贸易方式也是多种多样。现阶段，我们可以从不同的角度把国际贸易分为以下几种类型。

一、按交易商品形态分类

（一）有形贸易

有形贸易（Tangible Goods Trade）又称货物贸易，是指有形的、可以看见的物质属性商品的进出口贸易。有形贸易的商品必须向海关申报方能进出口，并列入海关每日的贸易统计。

相关链接

联合国国际贸易的标准分类

有形商品种类繁多，各国均有自己的分类标准，为了便于全球对国际贸易进行统计和分析，联合国秘书处于1950年出版并于1960年、1974年、1985年和2006年四次修订了《国际贸易标准分类》（Standard International Trade Classification，简称"SITC"）。根据最新修订版本，国际贸易商品分为0—9类共10大类，一般把0—4类称为初级产品，5—8类称为制成品，第9类为未分类的其他货物（如表1-4所示）。这个分类标准目前为世界上绝大多数国家所采用。

表1-4　　　　　　　　　　国际贸易标准分类

0类	食品及主要供食用的活动物	5类	未列明的化学品及有关产品
1类	饮料及烟草	6类	主要按原料分类的制成品
2类	非食用原料（不包括燃料）	7类	机械和运输设备
3类	矿物燃料、润滑油及有关物质	8类	杂项制品
4类	动植物油、油脂和蜡	9类	未分类的其他商品

（二）无形贸易

无形贸易（Intangible Goods Trade）是指一切不具备自然属性的商品的进出口贸易，例如出国旅游、留学、商标使用权转让、技术转让等方面各种服务的提供和接受。无形贸易在通过一国海关时不必申报，也不列入海关统计，其贸易额在各国国际收支中只得到部分反映。无形贸易是在有形贸易的基础上发展而来的，由于第三产业的迅速发展，无形贸易的发展规模空前壮大，已备受世人瞩目。

国际无形贸易包括国际服务贸易（International Service Trade）和国际技术贸易（International Technology Trade）。国际服务贸易是指不同国家之间所发生的服务交易活动。国际技术贸易是指技术供应方将某种内容的技术，通过一定的形式越出国界转让给技术接受方使用的一种行为。国际服务贸易构成无形贸易的主体。

根据关贸总协定乌拉圭回合谈判达成的《服务贸易总协定》，服务贸易主要以"跨境交付""境外消费""商业存在"和"自然人移动"四种方式发生。

·······○ **思 辨 提 升** ○·······

问 题 下面的贸易哪些属于有形贸易，哪些属于无形贸易？请用直线连接。

丰田汽车进口

家庭出境自助游

阿玛尼在北京王府井开设精品店　　　　　　　　　（有形贸易）

中国玻璃厂在芝加哥雇佣劳工

空中客车进口

计算机设备出口

花旗银行设成都分行　　　　　　　　　　　　　　（无形贸易）

韩国化妆品进口

分析提示 有形贸易与无形贸易的区别在于交易的标的物是有形的商品还是无形的服务。

知识窗

关贸总协定乌拉圭回合谈判达成的《服务贸易总协定》指出，服务贸易主要有四种发生方式：

"跨境交付"是指服务提供者从一成员境内向另一主成员境内的消费者提供活动。这种服务贸易方式与一般的货物贸易方式非常相似，跨越国境的只是服务本身，而服务的提供者和消费者仍然存在地理上的界限。如通过计算机网络等方式提供的视听、金融服务等。

"境外消费"是指服务的提供者在一成员境内向来自另一成员的消费者提供服务。这种服务贸易要求服务的消费者发生地理上的移动，消费者要移动到提供者的境内消费服务，如中国公民到其他国家旅游或留学。

"商业存在"是指通过一成员提供服务的法人在另一成员境内提供服务。商业存在实际上就是一国服务提供者在东道国设立企业或机构提供服务的方式。如中国银行到境外开设分支机构，提供金融服务。

"自然人移动"是指一成员的服务提供者以自然人的身份进入另一成员境内提供服务。如中国公民在境外提供医疗、餐饮等服务。

以智能手机产品为例，手机软件技术的有偿转让被列入无形贸易，而硬件设备的交易则被列入有形贸易。

二、按商品流向分类

（一）出口贸易

出口贸易（Export Trade）又称输出贸易，是指本国向其他国家输出商品或服务的贸易业务。不属于外销的商品则不算。例如，运出国境供驻外使领馆使用的货物、旅客个人使用带出国境的货物均不列入出口贸易。

一国在一定时期（通常为一年）出口所收入的全部金额称为出口总额或出口总值（Gross Export Value）。

（二）进口贸易

进口贸易（Import Trade）又称输入贸易，指本国从其他国家输入商品或服务的贸易业务。同样，不属于内销的货物则不算。例如，外国使领馆运进供自用的货物、旅客带入供自用的货物均不列入进口贸易。

一国在一定时期（通常为一年）进口所支出的全部金额称为进口总额或进口总值（Gross Import Value）。

（三）过境贸易

过境贸易（Transit Trade）是指从A国经过第三国国境向B国输送某种商品，对于第三国来说，这种贸易就是过境贸易（如图1-2所示）。这种贸易对第三国而言，既不是出口也不是进口，仅仅是商品过境而已。

过境贸易分为直接过境贸易和间接过境贸易两种。外国商品只是运转关系经过本国，不在本国海关仓库存放就直接运往另一国的为直接过境贸

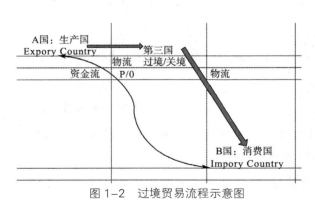

图1-2　过境贸易流程示意图

易。间接过境贸易是指外国商品运到所经国家的国境后，曾存放在海关仓库，随后未经加工从仓库提出运往另一国。有些内陆国家同非邻国的贸易，其货物必须通过第三国过境。

（四）复出口贸易和复进口贸易

复出口贸易（Re-export Trade）又称再出口贸易，是出口贸易的变形，指输入本国的外国商品未经加工再输出。复出口贸易在很大程度上同经营转口贸易有关。对外国进口产品加工后又输出国外，或用外国进口原料制成另一种产品再输往国外的，各国都不作为复出口。

复进口贸易（Re-import Trade）又称再进口贸易，是进口贸易的变形，指输出国外的本国商品未经加工再输入。复进口贸易多因出口退货和未售掉的寄售贸易的货物退回等造成。

复出口贸易和复进口贸易的商品都不列入国际贸易收支统计数据，而是另外单独加以统计。

········○ **思 辨 提 升** ○········

问题　运出或者运进国境供使馆人员使用的货物和旅客带出或带进国境供自用的货物，是否属于出口和进口贸易？请分析原因。

分析提示　各国在编制对外贸易统计时，并不是把所有运出国境的货物都列为出口，也不把所有运进国境的货物都列为进口，凡不用于销售而运出或者运进国境的货物和服务，都不包括在出口贸易和进口贸易之内。

三、按贸易有无第三国参加分类

（一）直接贸易

直接贸易（Direct Trade）是指商品生产国与商品消费国直接买卖货物的行为。商品生产国直接与商品消费国谈判，货物从生产国直接卖到消费国。

（二）间接贸易

间接贸易（Indirect Trade）是商品生产国与商品消费国通过第三国进行的贸易。货物既可以由出口国经由第三国运送到进口国，也可以由出口国直接运到进口国，但商品的进出口两国是通过第三国商人达成的交易（如图1-3所示）。

图 1-3　间接出口示意图

（三）转口贸易

转口贸易（Entrepot Trade）是指商品生产国与商品消费国通过第三国进行的贸易，对第三国来说这种贸易就是转口贸易。生产国与消费国之间并不发生贸易关系，而是由第三国分别同生产国和消费国发生贸易关系。转口贸易多发生在具备便利运输条件和关税与贸易政策相对自由的国家和地区，如新加坡、中国香港、英国伦敦、日本、荷兰鹿特丹等。转口贸易国家的贸易商低价从商品生产国购进商品，又高价转手出售给商品消费国，从中赚取高额利润。此外，第三国还可以获得仓储、运输、装卸、税收等收入，从而推动当地金融、交通、电信等行业的发展。

> **知识窗**
>
> 转口贸易和过境贸易的区别：转口贸易中，货物的所有权因转口商的买卖而发生转移，它有第三国贸易商参与，而且不论货物是否经由第三国运送；而过境贸易中，货物所有权没有发生转移，无第三国贸易商的参与，也不列入本国的进出口统计。二者的本质区别在于商品所有权有无向第三国商人转移。

四、按有无纸单证分类

（一）有纸贸易

有纸贸易（Documentary Trade）又称单证贸易，是指在国际贸易交易过程中，通过单证或信件等方式进行沟通的贸易。如在信用证支付方式下，一般实行凭单付款的原则，即一手交单，一手付款，因此单据在交易过程中起着至关重要的作用。

（二）无纸贸易

无纸贸易（Electronic Data Inter-change，简称"EDI"）是一种在公司之间传输订单、发票等文件的电子化手段。它通过计算机通信网络将贸易、运输、保险、银行和海关等行业信息，用一种国际公认的标准格式联系起来，实现各有关部门或公司与企业之间的数据交换与处理，并完成以贸易为中心的全部过程。它是20世纪80年代发展起来的一种新颖的电子化贸易工具，是计算机、通信和现代管理技术相结合的产物。由于使用EDI可以减少甚至消除贸易过程中的纸面文件，因此EDI被人们通俗地称为"无纸贸易"。

五、按统计标准分类

（一）总贸易

总贸易（General Trade）是指以国境为标准划分和统计的进出口贸易。凡进入国境的外购商品一律列为总进口，其进口总额为总进口额。凡离开国境的外销商品一律列为总出口，其出口总额为总出口额。在总出口中又包括本国产品的出口和未经加工的进口商品的出口。总进口额与总出口额相加就是一国的总贸易额。目前，中国、日本、美国、英国、加拿大等90多个国家采用的是总贸易体系。

（二）专门贸易

专门贸易（Special Trade）是指以关境为标准划分和统计的进出口贸易。以关境为标准统计对外贸易的国家规定，只有从外国进入关境的商品以及从保税仓库运进关境的商品才列为专门进口。如果外国商品进入国境后，暂时存放在保税仓库，未进入关境，则不列为专门进口。从国内运出关境的本国商品以及进口后经加工又运出关境的商品，则列为专门出口。专门进口额与专门出口额相加即为专门贸易额。德国、法国、意大利、瑞士等80多个国家采用的是专门贸易体系。

知识窗

关境是指一国海关征收关税的领域，而国境是一个国家行使主权的领土范围。一般来说，一个国家的关境和国境是一致的，许多国家的海关都设在国境上。但实际上，自由贸易区和保税区等经济特区的设立，可能会导致一国的关境与国境并不一致。如进入保税区的货物虽然已经进入国境，但并未进入关境。

六、按清偿工具分类

（一）自由结汇贸易

自由结汇贸易（Free-liquidation Trade）又称现汇贸易，是指以货币作为清偿工具的贸易方式。现在这种贸易方式一般不用现金支付，而是通过银行转账和收款业务来实现。世界上大多数国家都采用现汇贸易方式，我国对西方国家和港、澳、台地区的贸易也主要采用这种贸易方式。

（二）易货贸易

易货贸易（Barter Trade）又称换货贸易，是指将等值的出口货物和进口货物直接结合起来的贸易方式，一般适用于国家外汇不足、外汇管制较严或无法进行自由结汇的国家。它的特点是：把出口和进口直接联系起来，贸易双方有进有出，一方既是买方又是卖方，进出平衡；基本不以外汇支付，可以达到节省外汇资金的目的；互换的货物品种相当，换货的总金额相等。国际通用的可自由兑换货币如表1-5所示。

表1-5　　　　　　　国际通用的可自由兑换货币一览表

国家/地区名称	货币名称	货币代码
美国	美元	USD
欧盟	欧元	EUR
英国	英镑	GBP
日本	日元	JPY
瑞士	瑞士法郎	CHF

七、按经济发展水平分类

（一）水平贸易

水平贸易（Horizontal Trade）是指经济发展水平比较相近的国家之间开展的贸易活动，例如发达国家之间或者发展中国家之间的贸易活动。发达国家的生产力水平虽然相近，但存在各种差异，如各工业部门发展不平衡，技术水平有高有低，资源供应也各不相同，需通过国际贸易来调节。发展中国家之间开展贸易是为了互相支持，弥补民族工业部门的不足，以改变在国际分工中的不利地位。

美国（发达国家）　　　　日本（发达国家）　　　中国（发展中国家）　　　印度（发展中国家）

图1-4　典型的水平贸易类型

（二）垂直贸易

垂直贸易（Vertical Trade）是指经济发展水平不同的国家之间开展的贸易活动，发达国家与发展中国家之间进行的贸易大多属于这种类型。这些国家在国际分工中所处的地位以及经济技术发达程度相差较大，一般发达国家从发展中国家进口农产品、工业原料或劳动密集型的工业产品，而向发展中国家出口工业制成品，特别是资本密集型和技术密集型的工业产品。

中国（发展中国家）　　　　美国（发达国家）　　印度（发展中国家）　　　　日本（发达国家）

图 1-5　典型的垂直贸易类型

［知识四］ 国际贸易与国内贸易的异同

一、国际贸易与国内贸易的相同点

国际贸易与国内贸易的一致性表现在以下几点：

1.都属于流通领域。国际贸易与国内贸易的交易过程大同小异，但商品流通运动的方式是一样的。国际贸易是在国际间进行的，国内贸易是在一国内部开展的。国际贸易是国内贸易的延伸，国内贸易是国际贸易的基础和起点。

2.都是商品和服务的交换活动。国际贸易从事国家间的商品和服务的交换，国内贸易从事国界内的商品和服务的交换，虽然活动范围有所不同，但都属于商业交换环节。

3.其经营目的都是获得利润或经济效益。不管是国际贸易还是国内贸易，经营的目的都是通过交换获得更多的利润。

二、国际贸易与国内贸易的不同点

（一）文化环境不同

文化环境的不同主要体现在语言不同、法律不同、风俗习惯不同，这都使国际贸易比国内贸易的交易洽谈更加困难。

1.语言不同

国际贸易的形成至少需要两个国家或地区，这两个国家或地区在语言和文字上可能会有很大的差别。为了使交易顺利进行，必须使用一种共同的语言。当今最通行的商业语言是英语，但是有很多时候使用不同的语类可能会引发争议，例如美式英语与英式英语（如图1-6所示）。法国及中非、西非国家通行的是法语，西班牙和大部分中南美洲国家采用西班牙语，有时在国际贸易过程中也会因语言不同产生矛盾。

图 1-6　美式英语与英式英语的区别

2.法律、风俗习惯不同

各国的商业法律、风俗习惯、宗教信仰等并不完全一致，有的差距甚至还很大，这些都给国际贸易的顺利进行造成了很大的困难。

知识窗

送礼是商务往来的一种重要形式，中外商务人士都讲究送礼以增进友谊。然而，中国人和西方人在礼品选择及馈赠礼仪上却各有千秋。在中国，虽然大家都强调礼轻情意重，但通常还是认为礼物越贵重越好，过于简单或廉价的礼物不仅起不到增进感情的作用，反而有可能会得罪人。西方人送礼比较讲究礼物的文化格调与艺术品位，他们一般不会送过于贵重的礼物，但相当重视礼物的包装。

中西方在受礼时使用的语言也各有特色。中国人会推辞再三，盛情难却收下礼物后，会说"让您破费了"，并且不会当面拆开礼物。与之相反，西方人会非常爽快地收下礼品，当面拆开且表示惊喜和感谢，他们认为，赞扬礼物就如同赞扬送礼者。如果不了解这方面的差异，西方人会认为中国人冷淡、虚伪，收到他人的礼品就放在一边置之不理，让送礼人很尴尬；而中国人会觉得西方人没有谦逊之心，甚至有些贪婪，举止粗野。因此，了解不同风俗文化的差异是非常有必要的。

（二）贸易环境不同

1.国际贸易遇到的障碍比国内贸易多

为了争夺市场，保护本国工业和市场，各国会采取关税壁垒与非关税壁垒来限制外国商品的进口。随着时间的推移，各国限制商品进口的贸易壁垒种类也在不断增加。

相关链接

一种新的非关税壁垒形式——绿色贸易壁垒

绿色贸易壁垒是指在国际贸易活动中，进口国以保护自然资源、生态环境和人类健康为由而制定的一系列限制进口的措施。绿色贸易壁垒在近十年的时间里被使用的频率越来越高，成为继反倾销之后的又一重要贸易壁垒。在全球4917种产品中，受绿色贸易壁垒影响的3746种产品的贸易额达47320亿美元，涉及纺织、成衣、化妆品、日用品、玩具、家具和家用电器等商品。全球共计有137个进口国采取了绿色贸易壁垒措施。我国商品出口欧美屡屡受阻的重要原因之一，就是环保指标不过关。据不完全统计，中国每年有80亿美元的出口商品受到国外绿色贸易壁垒的影响，有240亿美元的出口商品因达不到发达国家的环保包装要求而受到影响。

2.市场调查困难，商业习惯复杂

进行国际贸易，双方要随时掌握市场动态，进行市场调查和市场预测，更要了解贸易对象的资信状况。国际市场大而多变，在国际贸易中收集和分析这些资料不如国内贸易容易。各国各地市场商业习惯不同，对国际贸易中的规约与条例解释也不尽相同，处理稍有不慎，就会影响整个贸易的进行。因此，国际贸易要比国内贸易更加复杂。

3.交易洽谈困难，经济环境与政治制度复杂

贸易双方在交易磋商时，要熟悉和掌握各种国际条约和通行的国际贸易惯例，了解对方国家的各种贸易规定，以减少和避免贸易纠纷的发生。各国的商业法规、货币制度和政治制度的不同都会影响贸易的进行。实行自由贸易政策的国家，国际贸易的开展相对容易；实行保护贸易政策的国家，国际贸易的开展就会面临较大阻力。法制比较健全的国家，外商的利益就会受到保护；法制不太健全的国家，外商在经营中就会面临较多的困难。

4.各国的货币与度量衡差别很大，国际汇兑复杂

不同的国家有不同的货币和货币制度，每单位货币又有不同的名称、代表不同的价

值、具有不同的购买力，一个国家的货币一般不能在另一个国家流通。而且各国采取的汇率制度、外汇管理制度均不同，使汇兑变得更加复杂。国际上通用的度量衡制度有四种，当交易国的度量衡制度不一致时要换算，且看似相同的计量单位在不同国家可能会有不同的理解。如计量单位"吨"有三种理解：公吨、长吨和短吨。

5.海关制度及其他贸易法规不同，货物的运输与保险复杂

各国都设有海关，对于货物进出口有着严格规定。货物的进出口，要履行输出国口岸的报关手续，而且商品的种类、品质、规格、包装和商标也要符合输入国的各种规定。不同的国家所要求的海关文件也不同，如丹麦等国要求提交特殊格式的海关文件。

商品的国际贸易运输，一要考虑选择适当的运输工具，二要考虑制订运输合同的条款、缴纳运费以及承运人与托运人的责任、风险的划分，还要办理装卸、提货手续，对于装卸费用，双方还要洽谈由何方承担和如何承担的问题。国际贸易的货物运输过程一般较长，为了避免途中损失，要办理保险，由谁办理保险并支付保费，也需进一步洽谈。

（三）国际贸易风险大

1.信用风险

由于资信调查困难，交易进行过程中，有可能会出现因一方违约而造成信用风险，进而给另一方造成经济损失的情况。而且在贸易期间，买卖双方的财务状况、经营情况可能发生变化，有时将危及履约，出现信用风险。

2.政治风险

一些国家的政局变动、人事更迭、民族纠纷、军事冲突，贸易政策法令的不断修改，以及国际社会对某些国家实行的经济制裁，都会给国际贸易带来影响，使经营贸易的厂商承担很多政治变动带来的风险，造成经济损失。

3.价格风险

国际市场价格变幻莫测，贸易双方签订合同后，货价可能上涨或下降，无论出现哪种情况，都会给贸易的一方造成经济损失。国际贸易多是大宗商品的交易，所以贸易双方面临的价格风险往往很大。

4.商业风险

在国际贸易中，因货样不符、交货期晚、单证不符等，进口商会拒收货物或拒绝支付货款，从而使出口商面临商业风险。

5.汇兑风险

在国际贸易中，交易双方必有一方要以外币计价。外汇汇率不断变化，如果信息不灵、措施不力，就会出现汇兑风险。

6.运输风险

国际贸易货物运输里程一般远超过国内贸易，出现运输风险的概率要明显高于国内贸易。

总之，国际贸易与国内贸易存在很多不同之处，从事国际贸易活动不仅要具备专业的理论知识、掌握可靠的商业情报，还要精通外国语言，熟悉各国的风俗习惯及宗教信仰，从而具备应对千变万化的贸易风险的本领。

巩固练习

GONG GU LIAN XI >>>

一、单项选择题

1.从一个国家来看，该国与别国货物与服务的交换活动称为（　　）。

　　A.世界贸易　　　　　B.国际贸易　　　　　C.对外贸易　　　　D.区域贸易

2.关于过境贸易，下列说法错误的是（　　）。

　　A.商品从甲国经由乙国向丙国输送销售，对乙国来说是过境贸易

　　B.过境贸易分为直接过境贸易和间接过境贸易两种

　　C.在过境贸易中，货物的所有权发生转移

　　D.有些内陆国家同非邻国的贸易，其货物必须通过第三国过境

3.从根本上说，国际贸易产生和发展的基础是社会生产力的发展和（　　）。

　　A.有剩余产品可供交换　　　　　　　　B.国家的出现

　　C.国家市场的形成　　　　　　　　　　D.社会分工的扩大

4.中国甲公司通过韩国乙公司从美国进口两台机械设备，设备自美国运至中国境内使用，乙公司从事的是（　　）。

　　A.直接贸易　　　　　B.间接贸易　　　　　C.转口贸易　　　　D.过境贸易

5.进口后未经加工又被运出国境的商品被列为出口，这种出口叫做（　　）。

　　A.国内出口　　　　　B.进出口　　　　　　C.复出口　　　　　D.专门出口

6.美国在汽车贸易方面既有出口也有进口，如果某年汽车出口数量大于进口数量，其差额称为（　　）。

　　A.净出口　　　　　　B.净进口　　　　　　C.复出口　　　　　D.复进口

7.以一定时期不变价格为标准计算的国际贸易额可以反映国际贸易的实际规模，是因为（　　）。

A.它以商品计量单位表示　　　　　　　B.它以货币金额表示

C.它只计算有形贸易　　　　　　　　　D.它剔除了价格变动的影响

8.2015年甲国出口总额为210亿元，进口总额为250亿元，则甲国的对外贸易总额为（　　　）。

A. 210亿元　　　　　B. 460亿元　　　　　C. 250亿元　　　　　D. 380亿元

二、简答题

1.如何理解国际贸易的含义？

2.简述转口贸易与过境贸易的区别。

3.为什么说世界贸易总值等于世界出口贸易总值？

4.简述国际贸易与国内贸易的异同。

实战演练
SHI ZHAN YAN LIAN »»

训练内容

5—6人为一组，收集近期关于国际贸易的热点新闻，找出其中涉及的国际贸易基本概念，并分析这些新闻事件对我国的影响。

提示

各小组可按照新闻主题进行分类，并在小组内进行分工讨论。

学习评价
XUE XI PING JIA »»

利用所学知识完成学习效果评价表，并在对应的评价栏中给予相应评价。

内容	简要介绍	评价				
		很好	好	一般	差	很差
国际贸易的含义						
国际贸易的基本概念						
国际贸易的分类						
国际贸易与国内贸易的异同						

项目二

国际分工

学习目标 >>>

◎ **知识目标**

1.理解国际分工的含义；

2.掌握影响国际分工发展的因素；

3.熟悉国际分工对国际贸易的影响；

◎ **技能目标**

能够运用国际分工理论进行行业分析。

◎ **情感目标**

加深对国际分工的理解，正确看待各国在国际分工中的作用。

案例导入
AN LI DAO RU >>>

奔驰汽车的国际化生产

奔驰汽车公司，世界十大汽车公司之一，创立于1926年，创始人是卡尔·本茨和戈特利布·戴姆勒。它的前身是1886年成立的奔驰汽车厂和戴姆勒汽车厂，1926年两厂合并后，叫戴姆勒—奔驰汽车公司，简称奔驰汽车公司。奔驰汽车公司总部设在德国的斯图加特，"精美、可靠、耐用"是奔驰汽车的宗旨。奔驰公司目前拥有12个产品系列、百余种车型，年产量近百万辆。

　　奔驰汽车公司是国际化的大企业，在德国国内有6个子公司，国外有23个子公司，在世界范围内设有联络处、销售点及装配厂。奔驰汽车的生产也实现了国际化，例如燃料箱、防风玻璃在英国生产，雨刮、涡轮增压器在美国生产，发动机组在芬兰生产，三角皮带和转向盘轴分别在意大利和法国生产。国际化的生产模式有效地压缩了零部件采购成本，缩短了新车型开发周期，降低了产品成本，实现了利润的突破。如今，奔驰汽车已经成为汽车行业国际化生产的典范。

　　思考：从一辆奔驰汽车的生产过程中，我们可以清晰地感受到什么？德国奔驰汽车公司为什么能在全球范围内进行生产？

［知识一］ 国际分工概述

一、国际分工的含义

　　人类社会的经济发展史就是一部社会分工产生、发展的历史。分工是指劳动分工，即若干劳动者从事各种不同的而又相互联系的工作。它是人们在生产、改造自然的过程中形成的，是人类社会生产的基本形式。分工在人类历史发展的各个阶段都起着巨大的推动作用。

　　分工是一种社会范畴，最早、最简单的分工形式是按性别和年龄进行的自然分工。随着生产力的发展，历史上曾经出现过三次社会大分工：畜牧业和农业的分工，手工业从农业中分离出来，商人的出现。特别是在资本主义工业革命后，国际分工就作为生产力发展的结果出现了。

　　国际分工（International Division of Labor）是指世界上各国（或地区）之间的劳动分工。它是社会分工发展到一定阶段，国民经济内部分工超越国家界限发展的结果，是国际贸易和世界市场形成的基础，表现为生产的国际化和专业化。

········○ **思辨提升** ○········

　　问 题　国际分工与社会分工有什么联系和区别？

　　分析提示　国际分工与社会分工都是在一定范围内组织的劳动分工，但两者分工的范围上有明显的差别。社会分工是超越一个经济单位的社会范围的生产分工。国际分工是指世界上各国（或地区）之间的劳动分工，它是社会分工发展到一定阶段，国民经济内部分工超越国家界限发展的结果，强调分工是在国与国之间进行的。

二、国际分工的发展阶段

国际分工是一个历史范畴，它是人类社会发展到一定阶段，社会生产力发展到一定水平时才出现的。它的产生和发展大致经历了萌芽、形成、发展和深化四个阶段。

（一）国际分工的萌芽阶段（16世纪—18世纪中叶）

在前资本主义社会，由于自然经济占统治地位，生产力水平低下，各个民族、各个国家的生产方式和生活方式的差别较小，商品生产不发达，因此社会分工和地域分工都不发达。

随着生产力的不断发展，11世纪欧洲城市兴起，手工业与农业进一步分离，商品经济有了较快的发展。特别是15世纪末至16世纪上半期的"地理大发现"和随后的殖民地开拓，使得市场范围不断扩大，国际贸易迅速发展，促进了生产力的发展和家庭手工业向工场手工业的过渡，资本主义发展进入原始积累时期。

知识窗

16世纪至18世纪中叶，西欧国家推行殖民政策，统治阶级一方面加强对本国人民的剥削，另一方面用暴力和超经济的强制手段，对拉丁美洲、亚洲和非洲进行掠夺。他们开发矿山，建立甘蔗、棉花、烟草等农作物种植园，生产和提供本国不能生产的农作物原料，同时扩大本国工业品的生产和出口。宗主国与殖民地之间出现了最初的分工形式，建立起早期的国际专业化生产。当时盛行的"三角贸易"——由西非国家提供奴隶劳动，由西印度群岛生产并出口甘蔗和烟草，由英国生产并出口工业品（毛织品、铁器、枪炮等），就属于典型的宗主国和殖民地之间的分工。

（二）国际分工的形成阶段（18世纪60年代—19世纪60年代）

从18世纪60年代到19世纪60年代的第一次工业革命，使国际分工进入到形成的新阶段。

所谓工业革命，又称产业革命，是指以机器大工业代替工场手工业的革命。第一次工业革命首先发生在英国，其特征表现为生产的机械化。英国生产的工业品几乎占世界的一半，在国际经济竞争中处于绝对优势地位，因而在国际分工中处于中心地位。工业革命使机器大工业得以建立，形成了现代工厂制度。它加快了商品经济和社会分工的发展，也促进了国际分工的形成。

> **知识窗**
>
> 18世纪60年代至19世纪60年代是国际分工的形成阶段，这一时期国际分工的主要特点有：
>
> （1）机器大工业的建立为国际分工的发展奠定了物质基础。
>
> （2）这一时期的国际分工基本上以英国为中心，这时的英国是"世界工厂"，并且垄断了世界贸易。
>
> （3）世界市场上交换的商品种类发生了变化。随着国际分工的发展，世界市场上交换的商品种类也改变了。那些用来满足权贵阶级生活需要的奢侈品已为国际贸易中的大宗商品所代替。

（三）国际分工的发展阶段（19世纪70年代—第二次世界大战）

从19世纪70年代开始，以电力的发明和应用以及化学、钢铁和交通运输业的革新为标志的第二次工业革命，使资本主义经济在19世纪的最后30年里获得了飞跃式的发展，工业进入了电气时代。发电机、电动机和新的炼钢法等迅速得到普及和应用，电力工业、化学工业、石油工业、汽车制造工业等新兴工业部门不断涌现。从1820年到1870年，世界工业生产增加了9倍，而从1870年到1913年则增加了4倍。新的科学技术的进步使得社会生产力又一次得到极大的提高，也促进了新的国际分工体系的迅速发展。

在这一时期，垄断代替了自由竞争，资本输出成为主要的经济特征之一。发达的资本主义国家通过资本输出将资本主义生产延伸扩大到亚、非、拉国家，使宗主国同殖民地、工业制成品生产国同初级产品生产国之间的分工日益明确，形成了国际分工新体系。

> **知识窗**
>
> 19世纪末20世纪初，随着国际分工体系的发展成熟，不仅是发展中国家，发达资本主义国家对国际分工的依赖程度也日益加深。
>
> 罗萨·卢森堡曾在《国民经济入门》中以德国为例做了生动的描述："德国国民不管在生产上还是在日常消费上，每一步都免不了依赖其他国家的产品。如我

们吃俄国谷物制成的面包，匈牙利、丹麦及俄国家畜的肉类；我们消费的米，是从东印度及北美运来的，烟草是从荷领地东印度群岛及巴西运来的；我们还从西非获得可可豆，从印度获得胡椒，从美国获得猪油，从中国买到茶叶，从意大利、西班牙、美国买到水果；从巴西、中美、荷领地东印度群岛买到咖啡……"

（四）国际分工的深化阶段（第二次世界大战后）

第二次世界大战以后，世界经济发生了重大变化，以原子能、电子计算机、生物工程、空间技术的发展和应用为主要标志的第三次工业革命兴起，其特征表现为电子化和信息化。新的工业革命造就了一系列新能源、新材料、新工艺和一系列新兴工业部门，产业产能得到极大的提高，产业分工日益细化，对国际分工产生了重大影响。与此同时，殖民地的反抗斗争此起彼伏，人们纷纷要求摆脱殖民者的统治，力求实现民族独立，发展民族经济。这一阶段，跨国公司迅速发展，资本输出的形式也发生了变化。另外，贸易政策趋于自由化，多边贸易体制的建立以及区域经济一体化的发展，都使得国际分工发生了变化。

在这一阶段，国际分工发展的特点有：

（1）在国际分工格局中，发达国家之间的分工居于主导地位；

（2）各国之间工业部门内部的分工日益深化；

（3）发达国家与发展中国家之间的分工在发展，工业国与农业国、矿业国之间的分工在削弱；

（4）区域性经济贸易集团成员国之间的内部分工迅速发展；

（5）除资本主义国家外，社会主义国家也广泛参与到国际分工中来；

（6）国际分工从垂直型分工向水平型分工过渡。

三、国际分工的类型

国际分工的类型是指各个国家参与国际分工的基本形式，按照不同的标准划分，国际分工的分类也有所不同。目前，国际分工主要有按国家的经济发展水平分类和按分工是在产业之间还是产业内部进行分类两种类型。

（一）按国家的经济发展水平分类

1.垂直型国际分工

垂直型国际分工是指经济发展水平相差悬殊的国家之间的分工，主要是指发达国家与发展中国家在制造业与农业、工业制成品与初级产品、资本技术密集型产品与劳动密集型产品之间的分工。

垂直型国际分工形成于19世纪，当时欧美等少数国家是工业国，绝大多数不发达的殖民地、半殖民地国家是农业国，工业发达国家按照自己的需要强迫落后的农业国进行分工，形成了工业国支配农业国、农业国依附工业国的国际分工格局。迄今为止，工业发达国家从发展中国家进口原料而向其出口工业制成品的情况仍然存在，垂直型国际分工依然是工业发达国家与发展中国家之间的一种重要的分工形式。

2.水平型国际分工

水平型国际分工是指经济发展水平相同或接近的国家之间的横向分工，主要是指发达国家之间在工业部门上的分工。

第二次世界大战后，随着第三次工业革命的兴起，工业迅速发展，国际分工由部门间国际分工向部门内专业化国际分工的方向发展。发达国家在新兴工业部门内部现代化生产过程中的横向经济联系和协作生产不断加强，如欧洲制造的"R-1800"载重汽车，它的发动机、控制设备、底盘和弹簧分别由瑞典、德国、美国和意大利的公司生产，最后则在英国装配完成。

发展中国家之间的分工也属于水平型国际分工。二战后，广大亚、非、拉国家取得政治独立，走上了自主发展民族经济的道路。但是，由于历史原因和经济条件的限制，这些国家的经济发展水平都比较低，经济结构比较落后，它们之间的分工主要表现为初级产品和劳动密集型产品的专业化分工。

3.混合型国际分工

混合型国际分工是指垂直型国际分工与水平型国际分工混合起来的国际分工。德国是混合型国际分工的典型代表，它与发展中国家的国际分工是垂直型的，即从发展中国家进口原料，向其出口工业品；而与发达国家的国际分工则是水平型的，进口的主要是机器设备和零配件，对外投资也主要集中在西欧发达的资本主义国家。

（二）按分工是在产业之间还是产业内部进行分类

1.产业间国际分工

产业间国际分工是指不同产业部门之间生产分工的国际专业化，也可以说是不同国家在劳动密集型产业、资本密集型产业以及技术密集型产业等不同产业之间的分工。第二次世界大战以前，国际分工基本上是产业间国际分工，这表现在亚、非、拉国家专门生产矿物原料、农业原料及某些食品，而欧美国家则专门从事工业制成品的生产。

2.产业内国际分工

产业内国际分工是指同一产业内产品的"差别化"分工和产品生产工序中的分工，即中间产品与组装成品的分工。一般来说，发达国家的企业生产技术含量高的关键部件和组装成品，发展中国家的企业则生产一般元器件。

知识窗

产业内国际分工主要有以下三种表现形式：

（1）同类产品不同型号规格的专业化分工。这种分工是指在某些部门内某种规格产品生产的专业化，是部门内分的工的表现形式。

（2）零部件的专业化分工。这种分工是指许多国家为其他国家生产最终产品而生产的配件、部件或零件的专业化，在许多产品的生产中广泛存在。

（3）工艺过程的专业化分工。这种分工是指产品在生产工序方面的专业化，即这种专业化过程不是生产成品，而是专门完成某种产品的工艺。

二战后国际分工的发展呈现出新的历史特点，主要表现在以下方面：

1.世界范围内城市与农村的国际分工日益为世界工业主导的国际分工所取代；

2.以自然资源为基础的分工逐步发展为以现代技术、工艺为基础的分工；

3.各产业部门间的分工发展为产业部门内的分工；

4.由国内市场调节的各部门、各企业间的分工过渡为由跨国公司协调的企业内部的分工；

5.水平型国际分工逐渐多于垂直型国际分工。

○ 思 辨 提 升 ○

问 题 耐克公司掌握产品研发、创意设计的关键技术，授权中国、越南等国外生产厂商按其产品规格、技术标准生产产品，自己则在全球建立营销网络，进行产品的广告宣传、销售并提供售后服务。耐克公司的这种分工属于产业间国际分工还是产业内国际分工？

分析提示 产业间国际分工是指不同产业部门之间生产分工的国际专业化，产业内国际分工是指同一产业内产品的"差别化"分工和产品生产工序中的分工。耐克公司的分工是同一产业内产品的分工，属于产业内国际分工。

［知识二］　影响国际分工发展的因素

国际分工的发展要受到各种因素的影响和制约。影响国际分工形成和发展的因素主要包括社会生产力、自然条件、生产关系等。

一、社会生产力是国际分工形成和发展的决定性因素

（一）国际分工是生产力发展的必然结果

马克思主义历来认为，分工的形成和发展是由社会生产力决定的，生产力的发展是社会分工形成和发展的前提条件，这突出表现在科学技术的重要作用上。历史上的三次工业革命深刻地改变了许多物质生产领域，相应的工艺过程、生产过程和劳动过程不断得到改进，同时社会分工和国际分工也随之发生变革。

（二）生产力的发展对国际分工的形式、广度和深度都起着决定性的作用

随着生产力的发展，各种经济类型的国家和经济集团都加入到国际分工的行列，国际分工已把各国紧密结合在一起，形成了世界性的分工。各国参与国际分工的形式从"垂直型"向"水平型"和"混合型"过渡，出现了多类型、多层次的分工形式。

（三）生产力的发展决定了国际分工的产品内容

随着科技的进步、生产力的提高，参与国际分工的产品内容也发生了变化。国际贸易中的工业制成品、高精尖产品不断增多，中间产品、技术贸易大量出现，服务部门分工也在国际分工中蓬勃发展。

（四）各国的生产力水平决定了其在国际分工中的地位

历史上，英国最先完成了工业革命，生产力水平得到大幅提高，英国作为名副其实的"世界工厂"，成为国际分工体系的中心。之后，欧美其他资本主义国家也相继完成工业革命，与英国一道成为国际分工的支配力量。第二次世界大战以后，原殖民地、半殖民地国家在政治上取得独立，大力发展民族经济，生产力得到较快的发展，它们在国际分工中的不利地位也在逐步改善。

（五）科学技术在国际分工中的作用日益显著

科学技术是第一生产力，所以技术是影响国际分工的一个重要因素。在许多产业中，竞争优势既不是由国家的资源环境决定的，也不是由规模效益决定的，而是由一个公司研究与开发活动所产生的知识和经验决定的，这足以说明科技在国际分工中的重要作用。

二、自然条件是国际分工产生和发展的基础

自然条件主要指多种多样的自然资源,如气候、土地、矿藏等,它是一切经济活动的基础。没有一定的自然条件,进行任何经济活动都是困难的,甚至是不可能的。例如,多数的咖啡、茶叶、橡胶等农作物的种植,都需要特殊的气候;又如,矿产品的大规模生产和出口,只能在拥有大量矿藏的国家进行。

自然条件对国际分工的确很重要,但是随着生产力的发展,自然条件对国际分工的影响在逐渐减弱。因此,自然条件只提供国际分工的可能性,不提供现实性,要把可能性变成现实性,需要一定的生产力条件。在生产力与自然条件之间,前者居于主导地位。

三、资本流动是国际分工深入发展的重要条件

从世界经济的发展历程来看,国际资本流动在国际分工形成与发展过程中发挥着重要的作用。第二次工业革命以前,资本大多流向落后的国家和地区,这一时期,国际资本流动以间接资本输出为主。第二次世界大战后,国际资本流动对国际分工的影响更为明显,此时的国际资本流动以直接资本输出为主。特别是跨国公司的迅猛发展以及发展中国家对外政策的变化,大大加速了资本的国际化进程,对国际分工的深入发展起着重要的作用。

四、人口、劳动规模和市场制约着国际分工的发展

（一）人口分布不平衡使国际分工和国际贸易成为一种需要

世界人口在各国分布是很不平衡的。地广人稀的国家往往偏重发展农业、牧业、矿业等产业,而人多地少、资源匮乏的国家往往大力发展劳动密集型产业。这种产业乃至产品的差异性,使得国家之间必须交换产品,进行国际分工和国际贸易。

（二）劳动规模影响和制约着国际分工

劳动规模的经济性也会影响国际分工。随着劳动规模越来越大,分工会越来越细,任何一个国家都不可能包揽所有的生产,必须参与国际分工。

（三）国际分工的实现还要受制于国际商品市场的规模

当人口和劳动规模都具备时,国际分工就受制于市场规模。国际分工的发展同国际商品交换的发展是齐头并进的。生产力发展较快、分工比较细密的国家,总是处于国际商品市场的中心。

五、国际生产关系决定国际分工的性质

国际分工不是抽象的，它是生产力发展的结果，同时又与生产关系有着密切的联系。社会生产关系超出国界即形成国际生产关系，在当前的国际分工中，资本主义生产关系仍然处于支配地位。在资本主义条件下，国际分工具有双重性：一方面，它打破了各国闭关自守的现状，促进了世界生产力的发展；另一方面，它是在资产阶级追逐利润和超额利润的动机驱使下形成和发展起来的，又具有剥削、掠夺和不平等的性质。

六、上层建筑可以促进或延缓国际分工的形成和发展

上层建筑是指建立在一定经济基础上的社会意识形态以及与之相适应的政治法律制度、组织和设施的总和。上层建筑对国际分工的促进作用主要表现在：

（1）建立超国家的经济组织，调节相互间的经济贸易政策，促进国际分工的发展；

（2）制定自由贸易政策、法令，推行自由贸易，加快国际分工的步伐；

（3）通过殖民统治，强迫殖民地建立符合国际分工的经济结构。

上层建筑也可对国际分工的形成和发展起到阻碍、延缓作用，主要表现在：

（1）采取保护贸易政策，闭关锁国；

（2）结成经济集团，强化内部分工，也会在不同程度上延缓国际分工的发展。

········○ **思辨提升** ○········

问题 清朝初年，为了打击郑成功等沿海抗清力量，清政府实行严厉的"海禁"政策，禁止商民出海。到了乾隆年间，面对英国等西方国家通商贸易的要求，清政府加强了管制，只准开放广州一处进行通商贸易，并颁布了严格限制外商活动和国内商民出海贸易的条例、章程，形成了严厉的闭关锁国政策。请问，这体现了哪一因素对国际分工的影响？并分析原因。

分析提示 上层建筑可以促进或延缓国际分工的形成和发展，这里体现的主要是闭关锁国政策的实行阻碍了国际分工的发展。

［知识三］ 国际分工对国际贸易的影响

在国际贸易发展的初期，国际间的分工主导了国际贸易的发展。国际分工是现代国际贸易的基础，国际分工对国际贸易的发展有着重要的影响。

一、国际分工影响国际贸易的发展速度

国际贸易的发展与国际分工的发展是正相关的。从国际贸易的发展来看，在国际分工发展较快的时期，国际贸易的发展也快；相反，在国际分工发展缓慢的时期，国际贸易的发展也慢，甚至处于停滞状态。特别是第二次世界大战后，随着国际分工的深入发展，国际贸易的发展速度也相应加快，并且快于以前各个时期。因此，国际分工是现代国际贸易发展的主动力。

二、国际分工影响国际贸易的地区分布

国际贸易的地区分布是指一国（或地区）的对外贸易额在世界贸易额中所占的比重，由此可以确定一国（或地区）在国际贸易中所处的地位。

国际分工对于国际贸易的地区分布有着直接的影响。国际分工发展的过程表明，在国际分工中处于中心地位的国家，往往在国际贸易中也占据主导地位。

相关链接

发达资本主义国家主导国际分工

从18世纪到19世纪末，英国凭借其雄厚的经济实力，一直处于国际分工体系的中心，在资本主义世界的对外贸易中也一直独占鳌头。

1820年，英国在资本主义世界国际贸易总额中所占比重为18%，1870年该比重上升到22%。随着其他国家在国际分工中地位的提高，英国的地位有所下降，但直到1925年，它在国际贸易中所占比重仍有15%。从19世纪末开始，发达资本主义国家就是国际分工的中心，它们在国际贸易中一直居于支配地位。1950年，发达资本主义国家在世界出口贸易中所占比重为60.8%，1980年为62.5%，1985年又上升到69.9%。

三、国际分工影响国际贸易的地理方向

各国参与国际分工的程度与各国对外贸易的地理方向呈正方向变化。在19世纪，国际分工主要是指宗主国同殖民地等落后国家之间的分工，即前者出口工业品，后者出口农矿产品，我们称之为垂直型分工。第二次世界大战后，国际分工发生了变化，从出口制成品、进口原料为主变为工业部门生产专业化协作为主，即从垂直型分工变为水平型分工。国际贸易的地理方向也随之发生了变化，变为以发达国家间的贸易为主，发达国家同发展中国家间的贸易为辅。

四、国际分工影响国际贸易的商品结构

国际分工的广度和深度不仅决定了国际贸易的发展规模和发展速度，而且还决定了国际贸易的商品结构和内容。第二次世界大战后，伴随着第三次工业革命的迅速推进，国际分工的广度和深度得到空前拓展。与此同时，国际贸易的商品结构也出现了许多新特点，主要表现在以下几个方面：

（1）工业制成品在国际贸易中所占的比重超过初级产品所占的比重；

（2）发展中国家出口中的工业制成品有所增长；

（3）中间性机械产品的比重提高；

（4）服务贸易迅速发展。

相关链接

新中国成立后中国出口商品结构的变迁

新中国成立初期，我国出口商品中80%以上是初级产品。1978年，初级产品出口额占全国出口总额的53.5%，工业制成品出口额占46.5%。1990年，初级产品和工业制成品贸易所占比重转变为25.6%和74.4%，工业制成品在出口产品中的比重大幅提高。2008年，我国初级产品和工业制成品贸易所占比重变为5.4%和94.6%，工业制成品成为出口贸易的主打产品。

据海关总署统计，2015年，我国出口机电产品8.15万亿元，增长1.2%，占全国商品出口总额的57.7%，较上年提升1.7个百分点。玩具、家具、箱包、塑料制品的出口保持稳步增长。经过多年的发展，我国的出口商品结构日益趋于合理。

五、国际分工影响各国的对外贸易依存度和世界贸易依存度

国际分工对一国经济对对外贸易的依赖程度、世界经济对国际贸易的依赖程度有重要的影响。国际分工的发展促进了各国对外贸易的发展，导致各国的对外贸易依存度不断提高，尤其是二战后国际分工的深入发展，使得各国对外贸易依存度和世界贸易依存度都在不断提高。

巩固练习

GONG GU LIAN XI

一、单项选择题

1.国际分工的类型不包括（　　　）。

A.水平型 　　　　　B.垂直型 　　　　　C.平行型 　　　　　D.混合型

2.国际分工形成和发展的决定性因素是（　　　）。

A.资本流动 　　　　B.人口、劳动规模和市场

C.社会生产力 　　　D.自然条件

3.国际分工产生和发展的基础是（　　　）。

A.社会生产力 　　　B.资本流动 　　　　C.自然条件 　　　　D.上层建筑

4.国际分工深入发展的重要条件是（　　　）。

A.资本流动 　　　　B.人口、劳动规模和市场

C.社会生产力 　　　D.自然条件

5.决定国际分工性质的是（　　　）。

A.社会生产力 　　　B.国际生产关系 　　　C.自然条件 　　　D.上层建筑

6.社会分工形成和发展的前提条件是（　　　）。

A.生产力的发展 　　B.自然条件变化 　　　C.劳动规模 　　　D.市场规模

7.只为国际分工提供可能性，不提供现实性的是（　　　）。

A.资本流动 　　　　B.人口、劳动规模和市场

C.社会生产力 　　　D.自然条件

8.建立在一定经济基础上的社会意识形态以及与之相适应的政治法律制度、组织和设施的总和叫做（　　　）。

A.社会生产力 　　　B.国际生产关系 　　　C.自然条件 　　　D.上层建筑

9.国际贸易的发展与国际分工的发展是（　　）关系。

    A.正相关   B.负相关   C.相等   D.无关联

二、简答题

1.什么是国际分工?

2.影响国际分工发展的因素有哪些?

3.上层建筑对国际分工的促进和延缓作用各表现在哪些方面?

4.国际分工对国际贸易的影响有哪些?

实战演练
SHI ZHAN YAN LIAN

训练内容

5—6人为小组内部讨论，说明影响国际分工发展的因素，并列举有关国际分工的实例，分析国际分工对企业发展的影响。

提示

同学们可在已掌握的国际分工知识的基础上，利用网络收集相关案例和资料等。

学习评价
XUE XI PING JIA

利用所学知识完成学习效果评价表，并在对应的评价栏中给予相应评价。

内容	简要介绍	评价				
		很好	好	一般	差	很差
国际分工的含义						
国际分工的类型						
影响国际分工发展的因素						
国际分工对国际贸易的影响						

项目三
国际贸易政策

"一场贸易战很容易开始，但不太容易结束"

2018年，美国政府打着"美国优先"的旗号，逆全球化潮流而行，国际贸易一直阴霾笼罩。7月6日，美国开始对华340亿美元商品加征25%的关税，挑起了人类经济史上规模最大的贸易战。

在此之前，美国高科技行业组织信息技术产业委员会主席迪安·加菲尔德称，特朗普加征关税的做法是"不负责任"的。美国战略与国际研究中心高级顾问威廉·雷施认为，这种升级增加了事态失控的可能性，并可能引发贸易战。他说，美国的加征关税威胁可能会削弱国际支持。布鲁金斯学会高级研究员、康奈尔大学教授艾斯瓦尔·普瑞萨德表示，特朗普加大了赌注，将加大全面爆发贸易战的风险。

韩国《中央日报》报道称，中国有不少产品是使用韩国生产的部件，成品再出口至美国，因此韩国也正面临危机。如果贸易战不断扩大，韩国所受的损失将逐渐增大。韩国《亚洲经济》报道称，如果中美贸易之争愈演愈烈，对中国依赖度较高的韩国出口或因此遭受重创，韩国对中国出口额或将减少近20%，整体出口也将下滑5%。该报接着援引韩国现代经济研究院的研究算了笔账：若美国从中国进口减少10%，韩国对中国出口减幅将达到去年对华出口额的19.9%，其中电器装备、IT等产业将相对受到较大冲击。相反，中国对美国征收关税并不会对韩国对美出口产生较大影响。

据英国广播公司网站报道，世界贸易组织总干事阿泽维多表示，由于中美之间的贸易冲突，当前全球经济增长面临"迅速"下降的风险。阿泽维多说，贸易战对全球经济造成的损害规模及扩张速度，将取决于贸易战所包含的内容。美国和中国之间的贸易冲突是世贸组织建立23年来面临的最棘手的问题。

思考：到底什么贸易保护行为？美国挑起的贸易战是特朗普政府使用的哪种贸易政策？有何用意？

[知识一] 国际贸易政策概述

一、国际贸易政策的含义

国际贸易政策（International Trade Policy）是各国在一定时期内对进口贸易和出口贸易所实行的政策。对外贸易政策是各国总经济政策的组成部分，是为各国经济基础和对外政策服务的。

各国制定对外贸易政策的目的在于：

（1）防止商品倾销和控制劳务输入，保护本国市场；

（2）促进本国的生产和产业结构的改善；

（3）开拓国际市场，扩大本国的商品出口；

（4）促进资本积累，获取利润；

（5）维护本国对外政治关系，提高本国企业在国际上的政治经济地位，从而提高国际竞争力。

二、国际贸易政策的构成

（一）对外贸易总政策

对外贸易总政策是一国从国民经济发展的实际出发，在较长时期内实行的对外贸易的总政策，它包括进口总政策和出口总政策。对外贸易总政策的基础是一国的经济发展战略。

（二）进出口商品政策

进出口商品政策的基础是产业政策，进出口商品政策是根据对外贸易总政策及国内的产业结构、不同商品在国内外的供需状况、国内市场状况而分别制定的。

（三）国别（或地区）贸易政策

国别（或地区）贸易政策的基础是对外（或外交）政策，它是根据对外贸易总政策以及不同时期各国（或地区）的政治、经济关系，对个别国家（或地区）所实行的贸易政策。

三、国际贸易政策的种类

从国际贸易的产生和各国贸易的发展来看，各国的对外贸易政策基本可以分为自由贸易政策和保护贸易政策两大类型，不同的国家在不同时期、不同国情下会实行不同的贸易政策。

（一）自由贸易政策

自由贸易政策（Free Trade Policy）的主要内容是：国家取消对进出口贸易的限制，取消对本国进出口商的各种特权和优待，使商品自由进出口，在国内外市场上自由竞争。

（二）保护贸易政策

保护贸易政策（Protective Trade Policy）的主要内容是：国家广泛采用各种限制进口的措施保护本国商品免受外国商品的竞争，并对本国出口商品给予优惠和补贴，以鼓励商品出口。

自由贸易政策一般是一国（或地区）在经济实力强大、经济发展迅速、本国产品竞争力强时所采取的一种对外贸易政策；反之，则会采取保护贸易政策。

四、国际贸易政策的演变

1. 资本主义生产方式准备时期，为了促进原始资本积累，西欧各国普遍实行的是重商主义下的强制性保护贸易政策，通过不断扩大贸易顺差和限制货币（贵重金属）出口的方法来扩大货币积累，英国保护性质的对外贸易政策在这一时期具有代表性。

2. 资本主义自由竞争时期，资本主义经济和对外贸易发展的不平衡，导致欧美各国出现了两种贸易政策。其中，经济发展起步较晚的国家采取了保护贸易政策，如美国、德国；但资本主义经济发展比较迅速的英国则推行了自由贸易政策。

3. 19世纪末至20世纪30年代，垄断加强，资本输出占统治地位，1929—1933年的资本主义经济大危机使市场环境急剧恶化，主要资本主义国家开始推行带有垄断性质的超保护贸易政策。

4. 第二次世界大战后，随着资本主义国家统治环境的改善以及经济的迅速恢复发展，从20世纪50年代到70年代，资本主义国家的贸易政策中出现了贸易自由化。

5. 20世纪70年代中期以后，由于两次经济危机的爆发，全球经济发展缓慢，结构性失业的出现使市场问题趋于尖锐，资本主义国家的贸易政策中出现了新贸易保护主义，以美国为首的发达国家采取了新贸易保护主义。

6. 20世纪80年代中期以来，由于世界经济政治关系的深刻变化以及各国经济相互依赖的加强，世界范围内特别是发达国家开始推行管理贸易政策。它们对内制定各种对外贸易法规和条例；对外通过协商，签订各种经济贸易协定，以协调发展与他国的经济贸易关系。

第二次世界大战后，发展中国家的贸易政策也发生了变化。大多数发展中国家根据本国经济发展的需要推行保护贸易政策，但总体趋势是，发展中国家的外贸政策逐步从内向型的保护转向外向型的保护。

［知识二］ 保护贸易政策

保护贸易政策理论从重商主义时期开始产生，19世纪美国汉密尔顿与德国李斯特幼稚工业保护理论的提出，标志着保护贸易政策理论的形成。

一、重商主义保护贸易政策

重商主义是15—17世纪欧洲资本原始积累时期代表商业资本利益的政治体系和经济思想。重商主义的发展经历了两个阶段，第一阶段是早期重商主义阶段（约从15世纪到16世纪中叶）。以货币差额论（即重金主义）为中心的早期重商主义学说，中心思想是增加货币积累，防止货币外流。英国的威廉·斯塔福德是早期重商主义学说的代表人物，其代表作《对我国同胞某些控诉的评述》集中体现了他的重金主义经济思想。

早期重商主义者主张采取行政手段，禁止货币输出，反对商品输入。他们认为商品输入会减少货币，而减少货币对本国是有害的，对外贸易应少买或不买。他们主张鼓励出口，认为多向外国销售产品会增加国内货币积累、防止货币外流，并将其视为对外贸易政策的指导原则。由于在对外贸易中片面地追求对每个国家都获得有利的货币差额，所以早期重商主义理论又被称为货币差额论。

重商主义发展的第二阶段是从16世纪下半叶到17世纪，即晚期重商主义阶段，其中心思想是贸易差额论。晚期重商主义的代表人物为托马斯·孟，其主要著作《英国得自对外贸易的财富》被誉为重商主义的"圣经"。

在《英国得自对外贸易的财富》一书中，托马斯·孟认为增加英国财富的手段是发展对外贸易，但发展对外贸易必须遵循一个原则，即出口商品总值应大于进口商品总值，要从每年的进出口贸易中取得顺差，增加货币的流入。他反对早期重商主义者禁止金银输出的思想，把货币与商品联系起来，指出"货币产生贸易，贸易增多货币"。为了保证有利的贸易差额，托马斯·孟主张扩大农产品和工业品的出口，减少外国制成品的进口，反对英国居民消费英国能够生产的国外产品，他还主张发展加工工业，发展转口贸易。

16世纪下半叶，西欧开始进入晚期重商主义时期，管制金银进出口的政策被管制货物进出口的政策取代。各国力图通过采取奖励出口、限制进口的政策措施来保证贸易出超，以达到增加货币（金银）流入的目的。为鼓励出口，西欧各国采取的主要措施包括：

（1）采取补贴和出口退税等措施鼓励出口；

（2）减低和免除出口税以鼓励出口；

（3）禁止重要原料的出口，但许可自由输入原料，加工后再出口；

（4）与外国签订贸易条约；

（5）设立特权贸易公司，实行独占性的殖民地贸易政策，控制重要资源和原材料。

重商主义政策和理论在历史上曾起过进步作用，它们促进了资本的原始积累，推动了资本主义生产方式的建立与发展。但它们并未深入到生产领域，对社会经济现象的探索只局限于流通领域，仅仅将货币作为财富的象征，把商业尤其是对外贸易视为财富的源泉，因而是不科学的。

知识窗

托马斯·孟（Thomas Mun，1571—1641），英国晚期重商主义的代表人物，英国贸易差额说的主要倡导者。他出生于伦敦的一个商人家庭，早年从商，成为英国的大商人。1615年担任英国东印度公司的董事，后又任政府贸易委员会的常务委员，发表代表作有《英国得自对外贸易的财富》《论英国与东印度的贸易》。

二、自由竞争时期的保护贸易政策

（一）自由竞争时期保护贸易政策的特点

1.保护的阶段性

贸易保护是为达到国家最终经济发展目标而采取的过渡性措施。政府在积极发展和扶持本国工业的初期，会逐步提高进口关税税率；经过一段时间的发展后，随着国内工业部门的建立和竞争能力的提高，政府会逐步降低某些商品进口关税，直至整体关税水平降低，因此贸易保护具有阶段性。

2.保护的有选择性

在同一时期，政府会对不同的工业部门采取不同程度的保护措施，实行区别对待，通过实施差别税率来鼓励或限制某些商品的进口。

3.保护贸易政策的执行与整个国民经济、工业发展目标相结合

与保护贸易政策相配套，政府会出台一系列鼓励投资、鼓励发展新兴产业的金融、税收等政策。

（二）自由竞争时期保护贸易政策的主要措施

（1）以高关税禁止或限制国内幼稚产业部门产品的进口；

（2）以低关税和免税鼓励复杂机器设备、原材料等国内无法生产但急需的商品进口；

（3）向私营工业发放政府信用贷款、津贴、奖金等，为其发展提供必要的资金。

在19世纪资本主义自由竞争时期，贸易保护理论的主要代表人物是美国的汉密尔顿和德国的李斯特。

知识窗

亚历山大·汉密尔顿（Alexander Hamilton，1755—1804），美国经济学家、政治哲学家，美国宪法起草人之一与第一任美国财政部长。他于1791年发表了贸易保护理论的经典文献《关于制造业问题报告》和《奖励和保护工业报告》。

亚历山大·汉密尔顿

弗里德里希·李斯特（Friedrich List，1789—1846），德国伟大的实践性经济学家。他被视为经济学历史学派、国家主义经济学和国民（福利）主义经济学的理论先驱，他的思想主张至今仍被视为建立欧洲经济共同体的理论基础。他是德国关税政策的首创者，他的理论是在反对自由贸易政策基础上受汉密尔顿启发而形成的，但比汉密尔顿的理论深刻、系统。其主要代表作是1841年出版的《政治经济学的国民体系》。

弗里德里希·李斯特

（三）汉密尔顿的贸易保护理论

汉密尔顿强调发展工业的重要性，主张必须实行关税保护政策，推行保护关税，把关税作为保护工业发展的重要手段，这一主张对美国工业的进一步发展产生了重大的影响。

（四）李斯特的贸易保护理论

李斯特对古典学派的国际贸易理论提出批评。首先，他指出："比较成本说"不利于德国生产力的发展，向外国购买廉价的商品表面看是合算一些，但这样做，德国的工业就不可能得到发展，而会长期处于落后和从属于外国的状态。如果采取关税保护政策，一开始会使工业品的价格提高，但经过一段时间后，德国的工业得到充分发展，生产力有所提高，生产成本自然会下降，商品价格也会下降，有利于德国国内经济的持续健康发展。其次，他批评古典贸易理论忽视了各国经济发展的特点，认为各国经济发展的历史和现状不同，应根据不同的发展阶段制定相应的政策措施。认为各国经济发展必须经历五个阶段，即"原始未开化时期""畜牧时期""农业时期""农工业时期""农工商时期"。只有处于农工业时期的国家需要采取保护政策，以避免与先进国家的竞争；而处于前三个阶段的国家应实行自由贸易，以加速农业发展并培育工业化基础；处于农

工商时期的国家，也应实行自由贸易，以保持优势地位。

李斯特主张国家对经济实行干预。为保护幼稚工业，李斯特提出："对某些工业品可以实行禁止输入，或规定的税率事实上等于全部或至少部分地禁止输入。"同时他主张，"凡是在专门技术与机器制造方面还没有获得高度发展的国家，对于一切复杂机器的输入应当允许免税，或只征收轻微的进口税"。他认为，英国、法国的工商业发展与当初政府的扶植政策是分不开的。德国工业面临着强大的竞争对手，因此，必须有政府保护并制定出各种保护措施。

李斯特提出的保护对象的条件是：（1）农业不需要保护。只有那些刚从农业阶段跃进的国家，距离工业成熟期尚远，才适宜保护农业。（2）一国工业虽然幼稚，但在没有强有力的竞争者时，也不需要保护。（3）只有刚刚开始发展且面对强有力的外国竞争者的幼稚工业才需要保护。李斯特提出的保护时间以30年为最高期限，在此期限内如果被保护的工业还扶植不起来，就不再予以保护。由此可以看出，李斯特的贸易保护理论是积极的，其保护的对象是将来有前途的幼稚工业；其保护也是有限度的，不是无限度的，保护的最终目的是为了不保护。

虽然李斯特的贸易保护理论中以经济部门作为划分经济发展阶段的基础是错误的，但是他的贸易保护理论在德国资本主义工业发展过程中起到过积极作用，他的对外实行保护和对内实行干预的政策主张是符合当时德国实际的。他强调民族经济发展的特殊道路，对当今一些发展中国家发展民族经济也有一定的启迪和借鉴作用。

三、超保护贸易政策

（一）超保护贸易政策的特点

与自由竞争时期的保护贸易政策相比，超保护贸易政策的特点如下：

1.保护的对象扩大

超保护贸易政策不但保护幼稚工业，而且更多地保护国内高度发展或出现衰落的垄断工业。

2.保护的目的变化

超保护贸易政策的目的不再是培养自由竞争的能力，而是巩固和加强对国内外市场的垄断。

3.保护转入进攻性

以前贸易保护主义是防御性地限制进口，超保护贸易政策则是要在垄断国内市场的基础上，对国内外市场进行进攻性的扩张。

4.保护的阶级变化

超保护贸易政策从保护一般工业资产阶级的利益转向保护大垄断资产阶级的利益。

5.保护的措施多样化

超保护贸易政策的保护措施不仅有关税，还有其他各种各样的奖出限入的措施。

6.组成货币集团，瓜分世界市场

1931年，英国放弃金本位制，导致统一的世界货币体系瓦解，主要资本主义国家各自组成了排他性的相互对立的货币集团。1931年后，资本主义世界的货币集团有英镑集团、美元集团、法郎集团、德国双边清算集团及日元集团等。

> **知识窗**
>
> 超保护贸易政策在第一次世界大战与第二次世界大战之间盛行。在这个阶段，资本主义经济具有以下特点：（1）垄断代替了自由竞争；（2）国际经济制度发生了巨大变化；（3）1929—1933年爆发了经济大危机。之后，各国相继放弃了自由贸易政策，改为奉行保护贸易政策，强化了国家政权对经济的干预作用。在这种情况下，凯恩斯改变了立场，进而赞同超保护贸易政策，并积极为其提供理论依据。

（二）凯恩斯的超保护贸易理论

1.凯恩斯主张贸易顺差

凯恩斯认为，贸易顺差有益而逆差有害。贸易顺差可为一国带来黄金，扩大支付手段，降低利率，刺激物价上涨，扩大投资，这有利于缓和国内危机和增加就业；而贸易逆差则造成黄金外流，物价下降，导致国内经济趋于萧条，失业人数增加。因此凯恩斯赞成贸易顺差，反对贸易逆差。

2.凯恩斯的对外贸易乘数理论

对外贸易乘数理论是凯恩斯的"投资乘数理论"在对外贸易方面的应用。化认为：一国的出口和国内投资一样，有增加国民收入的作用；一国的进口则与国内的储蓄一样，有减少国民收入的作用。当商品劳务出口时，从国外得到的货币收入会使出口产业部门收入增加、消费增加，这必然会导致其他产业部门生产增加、收入增加……如此反复下去，收入增加量将是出口增加量的若干倍。由此他得出结论，只有当贸易为出超或国际收支为顺差时，对外贸易才能增加一国就业量，提高国民收入，此时国民收入的增加量将是贸易顺差的若干倍，这就是对外贸易乘数理论。

与传统的贸易保护理论相比，凯恩斯的超保护贸易理论中，保护贸易政策保护的主要对象不是国内的幼稚工业，而是高度发达的资本主义工业，目的就在于保持和加强其在国际上的垄断地位。

> **知识窗**
>
> 约翰·梅纳德·凯恩斯（John Maynard Keynes，1883—1946），现代西方经济学最有影响的经济学家之一，英国资产阶级经济学家、凯恩斯主义的创始人。他创立的宏观经济学被称为20世纪人类知识界的三大革命之一。凯恩斯提倡国家直接干预经济，他的以财政政策和货币政策为核心的思想后来成整个宏观经济学的核心，代表作是1936年出版的《就业、利息和货币通论》。

四、新贸易保护主义

20世纪70年代中期后，资本主义经济在经历了20多年的高速发展后进入低速增长阶段，失业率不断提高，致使贸易保护在世界自由贸易进程中再度兴起。除经济增长缓慢、失业增加原因外，贸易保护再度兴起的其他影响因素还包括：

1.国际竞争加剧，各国对外贸易发展不平衡，使得适当的贸易保护成为必要。主要工业发达国家对外贸易发展不平衡，美国贸易逆差急剧上升，使得美国成为新贸易保护主义的重要发源地。

2.跨国公司内部贸易的发展改变了国际贸易差额的分布。

3.政治上的考虑，主要是国内政治竞选、政府所代表的社会利益集团的要求等。

4.贸易政策的相互影响。随着世界经济相互依赖性的加强，贸易政策的连锁反应也更敏感。美国采取了许多贸易保护措施，它反过来又遭到其他国家明的与暗的报复，使得新贸易保护主义不断蔓延、扩张。

（一）新贸易保护主义的特点

1.被保护的商品不断增加

被保护的商品从传统产品、农产品扩大到高精尖产品和服务部门，商品的种类和数量均不断增加。

2.限制进口措施的重点从关税转向非关税

第二次世界大战结束后，发达国家的关税有较大幅度的下降，但这并没有缓解发达国家争夺市场的矛盾。特别是在20世纪70年代世界经济危机的冲击下，发达国家竞相采取非关税措施限制商品进口，抵消由于关税下降所造成的不利影响，具体表现在：

（1）非关税壁垒的项目日益繁杂。在2008年9月金融危机爆发后，非关税壁垒项目出现愈演愈烈的趋势，反倾销、反补贴、特保条款、"自动"出口配额制、绿色贸易壁垒、技术壁垒等层出不穷。进口国除采取限制进口措施外，还强制出口国自动限制其出口。

（2）非关税壁垒的利用范围日益扩大。随着非关税壁垒项目的增加，这些壁垒在限制商品进口方面所起的作用也日益扩大。

（3）非关税壁垒的歧视性日益增强。发达国家往往根据与出口国政治、经济关系的不同而采取不同的非关税壁垒。

3.贸易保护的重心从限制进口转向鼓励出口

随着贸易自由化和国际分工的发展，各国的经济发展对国外市场的依赖性不断增强，各国为争夺市场进行的斗争日益激烈，各国政府在加强非关税壁垒，限制进口以保护国内市场的同时，认识到只有扩大出口才能唤醒本国经济，因此政策开始从限制进口转向鼓励出口。各国政府设法从经济上、组织上和经费上鼓励本国产品的出口。在经济方面，通过采取出口信贷、出口信贷担保、出口补贴、外汇倾销等措施，促进本国商品的出口。在组织方面，发达国家广泛设立各种促进出口的机构，协助本国厂商扩大出口。在经费方面，发达国家制定各种评奖制度，对扩大出口成绩卓著的厂商给予奖励，以刺激本国商品出口。

4.贸易保护日益系统化、合法化

许多发达资本主义国家重新修订和补充了原有的贸易法规，使对外贸易管理更加有法可依。例如，美国国会通过1988年综合贸易法某些条例，加大了美国政府对美国对外贸易的调节和管理力度。世界各国对各种对外贸易制度和法规，如海关、商检、进口配额制、进口许可证制、出口管制、反倾销法等，制定了更为详细、系统、具体的细则，并使其与国内法规进一步结合，以便各种管理制度和行政部门更好地配合与协调，对进出口贸易实行更为系统的管理。

（二）新贸易保护主义对国际贸易的影响

1.扭曲了国际贸易商品流向，降低了国际贸易增长速度

新贸易保护主义的数量限制影响了产品贸易的性质，改变了进口的地理方向。同时，为了打破出口数量的限制，出口国家努力在受限制的商品组中扩大市场，从而扩大了数量固定下的贸易额。

以农产品为例，发达国家对农业生产的支持和贸易政策不仅限制了外国供应者，扭曲了贸易商品流向，而且造成诸如糖、肉类、谷物、奶制品等产品的大量剩余。为了削减日益增加的储存成本，防止产品变质和浪费，发达国家采取了出口价格补贴、进行

销售援助、按加工程度提高农产品进口壁垒等措施，为此，发达国家付出了巨大的代价。美国、欧盟和日本在农业援助和出口补贴方面共支付了数百亿美元。

2.严重损害了发达国家、发展中国家的经济贸易

不论是发达国家还是发展中国家，为了维持新一轮贸易保护政策都付出了巨大的代价，经济受到严重损害。

3.发达国家没有获得预期的保护效果，经济增长没能走出低迷

歧视性的数量限制使被保护市场产生了价格提高的压力。即使是在完全面向国际竞争的产业，贸易对就业水平也只起次要作用，而且由于贸易转向，歧视性的限制对整个进口仅有一定的限制作用。因此，以进口限制保护国内就业及发展本国经济不如改变宏观经济环境所带来的影响大。

五、发展中国家的保护贸易政策

（一）产生背景

第二次世界大战后，广大发展中国家为取得经济上的独立以巩固政治独立，纷纷走上发展民族经济的道路。但发展民族经济受到原有的国际分工和贸易体系的严重阻碍，"单一经济结构"在自由贸易的旗帜下不断强化，广大发展中国家仍然处于发达国家原料产地和产品销售市场的地位。为改变这种局面，一些国家开始摒弃传统的自由贸易原则，实施保护贸易政策。

（二）政策特点

贸易政策的选择与一国经济发展战略密切相关。一般认为，第二次世界大战后，发展中国家的发展战略和发展方式总体上看可归纳为两种模式：一是外向型发展战略，二是内向型发展战略。由此围绕发展战略而采取的贸易政策也可以分为两大类：出口导向贸易政策和进口替代贸易政策。出口导向贸易政策通过鼓励出口来推动本国经济的发展。进口替代贸易政策是指为保证替代进口的实现，达到保护、扶持和促进本国工业发展的目标而采取的贸易政策。无论哪种贸易政策，都是从本国工业化发展实际出发，根据需要实施不同程度的贸易保护措施。

（三）主要理论

发展中国家实施保护贸易政策的理论依据是普雷维什的贸易保护理论，具体主要包括中心—外围论和贸易条件恶化论两方面。

1.中心—外围论

普雷维什认为在传统的国际劳动分工下，世界经济被分成了两个部分：一个部分

是"大的工业中心";另一个部分则是"为大的工业中心生产粮食和原材料的外围"。在这种"中心—外围"的关系中,"工业品"与"初级产品"之间的分工并不是互列的,恰恰相反,由于技术进步及其传播机制在"中心"和"外围"之间的不同表现和不同影响,这两个体系之间的关系是不对称的。对此,普雷维什进一步指出,从历史上说,技术进步的传播一直是不平等的,这有助于使世界经济因为收入增长结果的不同而划分成中心和从事初级产品生产的外围。

普雷维什将世界分为中心国家和外围国家,即由发达国家构成的中心体系和由发展中国家构成的外围体系。它们是两个社会经济结构、技术结构极其不同的体系,在经济发展过程中处于不平等地位。外围国家在经济发展中缺乏自主性和独立性,经济结构呈现单一性结构特征,在技术进步利益的分配中处于被动地位。

普雷维什认为形成这种局面的原因在于:第一,中心国家通过资本输出,凭借其技术和管理上的垄断优势构筑和强化了外围国家在经济上对中心国家的依赖关系;第二,传统的国际分工造成外围国家经济结构的单一性,使外围国家成为中心国家的原料产地和制成品销售市场;第三,外围国家贸易条件长期恶化。

2.贸易条件恶化论

该理论认为,由于技术、市场容量以及需求弹性、收入弹性等一系列条件的变化对发展中国家的初级产品出口产生了不利影响,在国际市场上,存在着发展中国家初级产品价格相对于发达国家工业制成品的价格长期恶化(下跌)的趋势,这对发展中国家经济的发展十分不利。

普雷维什认为,形成外围国家贸易条件长期恶化的原因主要有两方面:第一,技术进步利益分配不均衡;第二,制成品的市场结构具有垄断性。

普雷维什认为,传统的国际分工和国际贸易理论虽然从逻辑上讲是正确的,但前提条件与实际相去甚远,因而只能适用于中心国家之间,不能适用于中心国家和外围国家之间。外围国家必须通过实行保护贸易政策,独立自主地发展民族经济、实现工业化来摆脱在国际分工与国际贸易中的不利地位。

知识窗

劳尔·普雷维什(Raul Prebisch,1901—1986),阿根廷著名的经济学家,是20世纪拉美历史上"最有影响的经济学家",被公认是"发展中国家的理论代表"。普雷维什是拉美发展主义理论的创始人,是世界经济新秩序的积极倡导者。1981年,他荣获第三世界经济和社会研究基金会颁发的"第三世界基金奖"。

［知识三］ 自由贸易政策

自由贸易政策开始于经济最发达的英国，形成于资本主义自由竞争时期。随后，其他国家随着经济发展水平的提高，也开始接受并实施自由贸易政策。从此，自由贸易政策在全世界范围内推广开来。

资本主义发展进入垄断阶段后，自由贸易发展一度受阻，但第二次世界大战以后，自由贸易又被重新推上历史舞台，成为大多数国家一致推举的贸易政策。

自由贸易政策理论起源于法国的重农主义，形成于英国的古典政治经济学。

一、英国的自由贸易政策

19世纪40年代末50年代初，英国完全放弃了关税保护，确立起自由贸易政策。政策转变的根本原因在于工业革命后英国对市场的需求。自由贸易政策将英国经济推向世界市场，同时，它又引起农业衰落，造成英国经济发展的畸形。

（一）英国自由贸易政策的兴起与胜利

英国从18世纪中叶开始工业革命，确立了其世界工厂的地位，不怕与外国商品进行竞争。一方面，英国工业的发展要求从国外进口廉价的工业原料和粮食，而由英国向它们提供工业制成品；另一方面，英国的产业革命发展早于其他国家，所以工业制成品具有强大的国际竞争力。因而，此时的重商主义贸易政策实质上已成为英国经济发展和英国工业资产阶级向外扩张的障碍。工业资产阶级强烈要求废除现行的重商主义贸易政策而采取自由贸易政策，在世界市场上进行无限制的自由竞争。

工业资产阶级经过长期不懈的努力和不断的斗争，最后终于使自由贸易政策在英国取得胜利，其具体表现为：

1. 废除谷物法

1815—1846年间，谷物法的变革是地主阶层和工商资本家阶层为了各自的利益在谷物法上展开的竞争。工商资产阶级力量的壮大及政治支出的不断增加使贸易政策向着有利于他们的方向调整。1833年，英国棉纺织业资产阶级组成"反谷物法同盟"，展开了声势浩大的反谷物法运动。1846年，国会终于通过了废除谷物法议案，该议案于1849年生效。

知识窗

谷物法（Corn Laws），又称"玉米法案"，是指英国在1815年制定的限制谷物进口的法律。它规定国产谷物平均价达到或超过某种限度时方可进口，以"保护"英国农夫及地主免受来自从生产成本较低廉的国家进口的谷物的竞争，其目的是维护土地贵族的利益。

要注意的是，在英式英语里，"玉米"（corn）这个词语泛指所有谷物，与美式英语专指玉米的意思有所不同。

2.废除航海法案

航海法案订立的目的，在于保障英国本土的产业发展，并排除其他欧洲国家尤其是荷兰在贸易上的竞争，这是当时重商主义思想下的产物，也符合英国当时的经济发展实际。但这样的限制对殖民地的人民来说，不管是购买还是贩卖商品都十分不便，引起了英属殖民地尤其英属北美殖民地人民的强烈不满，反对航海法案也成为美国独立战争发生的原因之一。

到了19世纪，英国在工业革命完成后逐渐采取自由贸易政策，1849年废除了大部分航海法案，英国的沿海贸易、殖民地贸易和航运全部对外开放，至1854年，所有的航海贸易限制完全废除。

知识窗

航海法案（The Navigation Acts）又"航海条例"，是指1651年克伦威尔领导的英吉利共和国议会通过的第一个保护英国本土航海贸易垄断的法案，以后该法案得到不断修改和完善。该法案规定，只有英国或其殖民地所拥有、制造的船只才可以运装英国殖民地的货物。政府指定某些殖民地产品只准许贩运到英国本土或其他英国殖民地，如烟草、糖、棉花、靛青、毛皮等。其他国家制造的产品必须经由英国本土，而不能直接运销殖民地；限制殖民地生产与英国本土竞争的产品，如纺织品等。

3.改变殖民地贸易政策

在18世纪，英国对殖民地的航运享有特权，殖民地的货物输入英国享有特惠关税。在英国大机器工业建立以后，英国产品不再惧怕任何国家的竞争，所以对殖民地的贸易逐步采取自由放任的态度。1849年航海法案基本废止后，殖民地已经能自由输入商品。

通过关税改革，英国取消了对殖民地商品的特惠税率，同时准许殖民地与外国签订贸易协定，殖民地可以与任何国家建立直接的贸易联系，英国不再加以干涉。

总之，从1815年到19世纪70年代，是自由贸易政策蓬勃发展的时期，尽管各国情况有所不同，但各国都从自由贸易中获得了经济利益。在英国的带动下，在19世纪中叶，许多国家降低了关税，而荷兰、比利时也相继实行了自由贸易政策。在自由贸易政策的影响下，国际贸易迅速发展。此时重商主义学说已不能适应工业资产阶级经济、外贸发展的需要，于是一些资产阶级经济学家开始提倡自由竞争和自由贸易原则，自由贸易理论应运而生。这一时期主张自由贸易的杰出代表人物有英国的亚当·斯密和大卫·李嘉图。

（二）亚当·斯密的"绝对成本"理论

亚当·斯密认为提高劳动生产率是增加国民财富的重要条件之一，他认为分工能大大提高劳动生产率，其理由有三个：第一，劳动者的技巧因专业而日进；第二，由一种工作转到另一种工作，通常需损失不少时间，有了分工，就可以避免这种损失；第三，许多简化劳动和缩减劳动的机械发明，只有在分工的基础上才有可能出现。

亚当·斯密主张，如果国外的产品比自己国内生产的要便宜，那么最好是输出本国在有利的生产条件下生产的产品去交换国外的产品，而不要自己去生产。例如在苏格兰，人们可以利用温室生产出很好的葡萄，并酿造出同国外进口的一样好的葡萄酒，但要付出30倍高的代价。如果真是这样做，那就是明显的愚蠢行为。因为每个国家或每个地区都有自己有利的自然资源和气候条件，如果各国各地区都按照各自有利的生产条件进行生产，然后将产品相互交换，互通有无，那么各国、各地区的资源、劳动力和资本将得到最有效的利用，从而大大提高劳动生产率和增加物质财富。但是，绝对成本理论的运用有一个前提条件——双方可以自由地交易他们的产品，如果没有自由贸易，没有商品的自由流通，就不可能获得地域分工带来的益处。

亚当·斯密认为，分工的起源是由于人的才能具有自然差异，那是起因于人类独有的交换与易货倾向。交换及易货系属私利行为，其利益决定于分工。假定个人乐于专业化及提高生产力，经由剩余产品之交换行为，促使个人增加财富，此等过程将扩大社会生产，促进社会繁荣，并实现私利与公益之调和。

他举例来说明。分工之前，英国生产每吨生铁需要50个劳动日，比法国少50个劳动日，而生产每吨小麦需要100个劳动日，比法国多50个劳动日。按亚当·斯密的理论，英国在生产生铁方面具有绝对优势，应该分工生产生铁而放弃小麦的生产；相反，法国在生产小麦方面具有绝对优势，应该分工生产小麦而放弃生铁的生产。分工后，英法两国投入的劳动总量未变，仍然是300天，但两种产品的产量增加了。在分工之前，两国共生产2吨生铁和2吨小麦，分工后各增加了1吨，成为3吨生铁和3吨小麦。这就是分工所带来的利益。

为了说明这个理论，亚当·斯密还进一步举例：假定英国、葡萄牙两国都生产葡萄酒和毛呢这两种产品。亚当·斯密认为在这种情况下可以进行国际分工、交换，其结果对两国都有利。如表3-1所示，英国、葡萄牙两国依照亚当·斯密的分工原则进行分工，结果两国所拥有的产品产量都比分工前提高了。通过国际贸易，两国人民的消费和福利水平也都获得了相应的提高。

表3-1   **国际分工与自由贸易的利益**

状态	国家	产酒量（单位）	所需劳动投入（人/年）	毛呢产量（单位）	所需劳动投入（人/年）
分工前	英国	1	110	1	60
	葡萄牙	1	70	1	100
分工后	英国			2.83	170
	葡萄牙	2.43	170		
交换后	英国	1		1.83	
	葡萄牙	1.43		1	

亚当·斯密认为自由贸易会引起国际分工，国际分工的基础是有利的自然禀赋或后天的有利生产条件。它们都可以使一国在生产和对外贸易方面处于比其他国家有利的地位。如果各国都按照各自有利的生产条件进行分工和交换，将会使各国的资源、劳动力和资本得到最有效的利用。

亚当·斯密按各国绝对有利的生产条件进行国际分工，实际是按照绝对成本的高低进行分工。亚当·斯密用国际分工并进行交换对双方都有利的观点，给自由贸易政策以理论上的支持，这一理论对当时英国经济的发展起到了积极的作用。但这个理论已有其局限性，它只能说明，在某些产品的生产中，只有具有绝对优势的国家参与国际分工和国际贸易才能获得利益。但世界上有很多国家在任何产品的生产中，都不比别国具有更多的优势。那么，这类经济落后的国家是否应该参与国际分工和国际贸易，如果参与，它们是否能够从中获得利益？依据亚当·斯密的绝对成本理论，对这种问题只能做出否定的回答。这就成了绝对成本理论的最主要的缺陷。

亚当·斯密（Adam Smith，1723—1790），英国哲学家和经济学家，是资产阶级政治经济学古典学派的主要奠基人之一，也是国际分工理论的创始人。他于1740年进入牛津大学贝利奥尔学院，1746年离开，1748年开始在爱丁堡大学演讲授课。年近30岁时，亚当·斯密第一次阐述了经济哲学的"明确而简易的天赋自由制度"，他后来将这些理论写入《国民财富的性质和原因的研究》一书。该书是第一本试图阐述欧洲产业和商业发展历史的著作，在1776年出版。

（三）大卫·李嘉图的"比较成本"理论

大卫·李嘉图是英国产业革命深入发展时期的经济学家，1817年出版了他的主要著作《政治经济学及赋税原理》。

李嘉图全面继承了亚当·斯密的经济思想，并在诸多问题上有了更深一步的发展和提高。在国际贸易理论问题上，李嘉图十分赞同亚当·斯密关于国际分工可以极大地提高生产力水平的观点，并对亚当·斯密关于一个国家应以自己具有"绝对优势"的产品进入国际分工体系的论点做了修正和完善。他指出，一个国家不仅能以具有"绝对优势"的产品进入国际分工体系，而且也能以具有"相对优势"的产品参与到国际分工体系中来。

李嘉图认为，一国不仅可以在本国商品相对于别国同种商品处于绝对优势时出口该商品，在本国商品相对于别国同种商品处于绝对劣势时进口该商品，而且即使一个国家在生产上没有任何绝对优势，只要它与其他国家相比，生产各种商品的相对成本不同，那么，仍可以通过生产相对成本较低的产品并出口，来换取它自己生产中相对成本较高的产品，从而获得利益。这一学说当时被大部分经济学家接受，时至今日仍被视作决定国际贸易格局的基本规律，是西方国际贸易理论的基础。

李嘉图认为每个国家不一定生产各种商品，而应集中力量生产那些"两利取重，两劣取轻"的产品进行交换，这样就可以增加产品总量，节约社会劳动和资本，形成互利的国际分工和国际贸易格局。要实现比较利益，只有在自由贸易条件下按照比较利益原则进行分工，才能把资本和劳动力等用到最有利于本国利益的部门中去。

李嘉图在阐述"比较成本说"时，采用了由个人推及国家的方法。他举例说，"如果两个人都能制造鞋和帽，其中一个在两种职业上都比另一个人强一些，不过制帽时只强1/5或者20%，而制鞋时则强1/3或者33%，那么这个较强的人专门制鞋，而那个较差的人专门制帽，这不是对于双方都有利吗？"李嘉图认为国家间也应按此原则进行分工。

为了说明这个理论，李嘉图沿用了英国和葡萄牙的例子，但对条件作了一些变更，如表3-2所示。

表3-2　　　　　　　　　　国际分工与自由贸易的利益

状态	国家	产酒量（单位）	所需劳动投入（人/年）	毛呢产量（单位）	所需劳动投入（人/年）
分工前	英国	1	120	1	100
	葡萄牙	1	80	1	90
分工后	英国			2.2	220
	葡萄牙	2.125	170		
交换后	英国	1		1.2	
	葡萄牙	1.125		1	

从表3-2中可以看出，葡萄牙生产单位产量的酒和毛呢，所需劳动人数均少于英国，而英国在这两种产品生产上都处于不利的地位，根据亚当·斯密的绝对成本理论，两国之间不会进行国际分工。而李嘉图认为，葡萄牙生产1单位酒所需劳动人数比英国少40人，生产毛呢少10个人，即分别少1/3和1/10。显然，葡萄牙在酒的生产上优势更大一些。英国在这两种产品生产上都处于劣势，但在毛呢生产上劣势较小一些。所以根据李嘉图的比较成本理论，应该"两利取重，两劣取轻"，即英国虽都处于绝对不利地位，但应该取其不利较小的毛呢生产，葡萄牙虽都处于绝对有利地位，但应取利益较大的酒进行生产。按这种原则进行国际分工，在两国投入的劳动人数没有发生变化的条件下，两国产量都会增加，通过进行国际贸易，两国都会获得利益。

李嘉图的"比较成本说"是自由贸易理论的重要基础之一，自由贸易政策在英国的实行促进了英国生产力的迅速发展，这一理论至今还受到西方经济学家的推崇。

········○ **思辨提升** ○········

问·题　请利用大卫·李嘉图的"比较成本"理论填写完成以下表格，并说明计算的思路和方法。

	国家	香料	所需劳动投入	服装	所需劳动投入
分工前	甲国	1	28	1	20
	乙国	1	14	1	16

（续表）

	国家	香料	所需劳动投入	服装	所需劳动投入
分工后	甲国				
	乙国				
交换后	甲国				
	乙国				

二、第二次世界大战后的贸易自由化

第二次世界大战后，随着第三次工业革命的出现，国际分工向更深更广的方向发展，生产和资本的国际化进一步加强。加之美国经济实力强大，为了对外扩张的需要，它开始在世界范围内推动贸易自由化。

贸易自由化（Liberalization of Trade）是指一国对外国商品和服务的进口所采取的限制逐步减少，为进口商品和服务提供贸易优惠待遇的过程或结果。无论是以往的关贸总协定还是现在的世贸组织，都是以贸易自由化为宗旨。

（一）贸易自由化的原则

1.以共同规则为基础。缔约方根据世界贸易组织的协定，有规则地实行贸易自由化。

2.以多边谈判为手段。缔约方通过参加多边贸易谈判，并根据在谈判中作出的承诺，逐步推进贸易自由化。

3.以争端解决为保障。世界贸易组织的争端解决机制具有强制性，如某缔约方被诉违反承诺并经争端解决机制裁决败诉，该缔约方就应执行有关裁决，否则，世界贸易组织可以授权申诉方采取贸易报复措施。

4.以贸易救济措施为"安全阀"。缔约方可通过援用有关例外条款或采取保障措施等贸易救济措施，消除或减轻贸易自由化带来的负面影响。

5.以过渡期方式体现差别待遇。世界贸易组织承认不同成员之间经济发展水平的差异，允许发展中成员履行义务有更长的过渡期。

（二）贸易自由化的主要表现

1.大幅度削减关税。例如关贸总协定成员国内部大幅度削减关税，欧洲经济共同体等经济一体化组织成员国内部进行关税减免，发达国家对部分发展中国家的商品出口给予关税优惠待遇等。

2.减少或撤销非关税壁垒。二战后初期，发达资本主义国家在对外贸易中实行严格的商品进口限制，随着资本主义世界经济的恢复、发展，这些国家都在不同程度上放宽了进口数量的限制，扩大进口自由化，放宽或取消外汇管制，使贸易自由化得以发展。

3.放宽外汇管制。随着经济的恢复与国际收支状况的改善，发达国家都在不同程度上放宽或解除了外汇管制，恢复了货币自由兑换，实行外汇自由化。

（三）战后贸易自由化的特点

1.美国成为战后贸易自由化的积极推动者。历史上的自由贸易政策倡导者是英国。第二次世界大战结束后，美国成为资本主义世界最强大的经贸大国，积极主张取消关税与进口数量限制，因此成为贸易自由化的积极推动者。

2.各国经济的恢复和发展为战后贸易自由化奠定了物质基础。战后贸易自由化的经济基础雄厚，贸易自由化浪潮席卷全球。除了美国对外扩张，还有更重要的原因，诸如生产的国际化、资本的国际化、国际分工向纵深发展，再如西欧、日本经济的迅速恢复和发展，跨国公司的大量出现，它们反映了世界经济和生产力发展的内在要求。

3.战后贸易自由化带有浓重的政府干预色彩。战后的贸易自由化主要反映了垄断资本的利益，而历史上的自由贸易则代表了资本主义自由竞争时期工业资产阶级的利益和要求，两者有着明显的不同。

4.战后贸易自由化主要是通过国际多边贸易协定——关贸总协定在世界范围内进行的。各种区域性贸易集团、关税与贸易总协定的建立都是以贸易自由化为宗旨的。此外，区域性经济一体化组织的内部联合与合作，也促进了地区性商品、生产要素的自由流通。

5.战后贸易自由化发展不平衡。①发达国家之间贸易自由化程度超过它们对发展中国家的贸易自由化程度。发达国家之间彼此降低关税，放宽数量限制，但对发展中国家的一些产品实行较高的关税和其他进口限制。②区域性经济贸易集团内部贸易自由化程度超过了集团对外部的贸易自由化程度。③不同商品贸易自由化的程度也不一样，工业品的贸易自由化程度超过了农产品的贸易自由化程度，机器设备的贸易自由化程度超过了工业消费品的贸易自由化程度。

·······○ 思辨提升 ○·······

问题 第二次世界大战后的国际贸易为何会出现"贸易自由化"，而不是恢复自由贸易政策？

分析提示 贸易自由化是一种不断接近自由贸易政策的状态，实质上对贸易仍然存在保护，只不过其保护程度在不断降低。

[知识四] 管理贸易政策

一、管理贸易政策的含义与产生

管理贸易政策（Managed Trade Policy）又称"协调贸易政策"，是指国家对内制定一系列的贸易政策、法规，加强对外贸易管理，实现一国对外贸易的有序、健康发展；对外通过谈判签订双边、区域及多边贸易条约或协定，协调与其他贸易伙伴在经济贸易方面的权利与义务。

管理贸易政策是20世纪80年代以来，在国际经济联系日益加强而新贸易保护主义重新抬头的双重背景下逐步形成的。在这种背景下，为了既保护本国市场，又不伤害国际贸易秩序，保证世界经济的正常发展，各国政府纷纷加强了对外贸易的管理和协调，从而逐步形成了管理贸易政策。管理贸易是介于自由贸易和保护贸易之间的一种对外贸易政策，是一种协调和管理兼顾的国际贸易体制，是各国对外贸易政策发展的方向。

二、发展中国家的管理贸易

对于发展中国家来说，管理贸易是一个较为新鲜的名词。但实际上，大多数国家都已自觉不自觉地实行一种单边的管理贸易政策。

第二次世界大战后，世界贸易政策均有利于工业发达国家。发展中国家经过长期的奋斗，在整个世界贸易自由化进程中获得了部分偏向于自己的贸易优惠待遇，包括关税保护、数量限制、一定的紧急保障、享受普惠制、单方面获得优惠等。发展中国家在这些优惠待遇的保护下，长期采取一种较高关税的、管制严格的外贸与外汇政策。正是在这种政策下，长期以来，发展中国家的管理贸易是一种严重偏向保护贸易的政策。

20世纪80年代中期以来，越来越多的发展中国家单方面放宽了其对贸易体制的限制，开始对其贸易政策进行改革。到20世纪90年代初期，贸易自由化在发展中国家的发展更为迅速，拉美、南亚和东南亚的一些发展中国家都在走贸易自由化的道路，其范围之广、幅度之大引人瞩目。

在所有的发展中国家中，拉美的发展最为激进。拉美国家（主要是墨西哥、智利、哥伦比亚等国）在大幅度取消数量限制的同时，对贸易壁垒也大举放宽，降低出口税额，间接地扶持扩大出口。因此，拉美属于降低政府干预程度以增加自由度的一种"激进的贸易自由化改革"。

南亚国家（主要是印度、巴基斯坦、斯里兰卡等国）则采取了一种"中立的贸易自由化改革"方式。这种改革一方面保留进口贸易壁垒，如高关税、数量限制等；另一方面又进一步促进出口，如减轻对生产出口产品所需的中间商品进口的直接限制，实行税收减免等。

东南亚国家（主要是马来西亚、印尼、泰国、越南等）实行的是一种"温和的贸易自由化改革"方式。其改革的第一阶段是消除出口障碍，主要做法是统一汇率，取消进口中间商品及资本商品的数量限制，实行关税退税等直接鼓励出口；第二阶段是在国际收支平衡得以巩固后，进一步取消数量限制，并逐步降低关税。马来西亚、印尼、泰国已先后于20世纪七八十年代进入改革的第二阶段；越南及菲律宾还未进入第二阶段，但在扩大出口方面已取得很大的改革成效。

可见，发展中国家的管理贸易已向自由化方向发展。

三、发展中国家管理贸易的特点

1.主要是防御性的。其目的是保护本国的幼稚工业及脆弱的国民经济体系。

2.具有单边性和持续性。发展中国家更侧重于单边协调贸易，且其单边的协调持续时间较长。

3.总体是保护主义的。发展中国家自身的历史发展情况决定了，其管理贸易总体上是保护主义的。

4.具有不平衡性。发展中国家的经济发展状况各不相同，所经历的社会发展历史也不尽相同，因此在管理贸易方面也具有不平衡性。

5.以降低贸易障碍为主要方向。发展中国家几乎都在致力于降低数量限制，并进行关税合理化改革，这标志着其管理贸易具有了贸易自由化的特点和趋势。

四、对于管理贸易的评价

管理贸易是在第二次世界大战后贸易自由化大趋势下，面对新贸易保护主义的压力而出现的新的贸易实现形式。其目标是在自由贸易的原则基础上，协调相互之间的贸易关系，均分贸易利益，促进各方发展。作为一种新的贸易实现形式，它将对世界经济贸易的发展产生巨大的影响，主要表现在：

（1）纯粹的自由竞争让位于有组织的自由竞争和不完全的自由竞争；

（2）自由贸易政策与保护贸易政策将让位于管理贸易政策；

（3）国家之间经济利益的连带性和包容性增强。

综上所述，一个国家的外贸政策是代表统治阶级中占上风的利益集团的，同时一个国家采取什么样的外贸政策，取决于这个国家在世界经济中的地位。居于绝对竞争优势地位的国家，一般倡导自由贸易政策；居于落后和竞争劣势地位的国家，则多采取保护贸易政策。一般来说，在世界科技取得巨大进步、世界经济迅速发展的时期，世界范围内贸易自由化倾向占上风；而在世界经济衰退或萧条的时期，贸易保护倾向就会加强。

······○ 思 辨 提 升 ○······

问题 结合贸易政策的实施时机，分析发展中国家采取保护贸易政策和管理贸易政策的原因。

分析提示 二战后，发展中国家刚刚崛起，迫切需要实行保护贸易政策来发展民族经济，摆脱被动落后局面；20世纪80年代以来，许多发展中国家的经济获得了振兴，希望在保护落后工业的同时参与国际分工，进行国际贸易，因此需要推行一种介于自由贸易和保护贸易之间的贸易政策。

巩固练习
GONG GU LIAN XI >>>

一、单项选择题

1.一国（或地区）在经济实力强大、经济发展迅速、本国产品竞争力强时所采用的贸易政策是（　　）。

　　A.自由贸易政策　　　　　　　　B.保护贸易政策

　　C.管理贸易政策　　　　　　　　D.超保护贸易政策

2.在资本主义自由竞争时期，资本主义经济发展比较迅速的英国推行的贸易政策是（　　）。

　　A.自由贸易政策　　　　　　　　B.保护贸易政策

　　C.管理贸易政策　　　　　　　　D.超保护贸易政策

3.20世纪80年代中期，在世界范围内特别是发达国家推行的贸易政策是（　　）。

　　A.自由贸易政策　　　　　　　　B.保护贸易政策

C.管理贸易政策　　　　　　　　　　D.超保护贸易政策

4.保护贸易政策的理论开始于（　　　）。

 A.重商主义时期　　　　　　　　　　B.保护幼稚理论

 C.自由竞争时期　　　　　　　　　　D.20世纪80年代

5.早期重商主义的代表人物是（　　　）。

 A.托马斯·孟　　　　　　　　　　　B.威廉·斯塔福德

 C.汉密尔顿　　　　　　　　　　　　D.李斯特

6.汉密尔顿认为保护国内工业的重要手段是（　　　）。

 A.关税　　　　　　　　　　　　　　B.非关税壁垒

 C.鼓励进口　　　　　　　　　　　　D.限制进口

7.普雷维什将世界分为中心国家和外围国家，由发展中国家构成的体系是（　　　）。

 A.中心体系　　　　　　　　　　　　B.外围体系

 C.外向型战略体系　　　　　　　　　D.内向型战略体系

8.自由贸易形成于资本主义自由竞争时期，开始于经济发达的（　　　）。

 A.美国　　　　　　　　　　　　　　B.德国

 C.法国　　　　　　　　　　　　　　D.英国

9.在自由贸易的原则基础上，协调相互之间的贸易关系，均分贸易利益，促进各方面发展，这是（　　　）的目的。

 A.自由贸易政策　　　　　　　　　　B.保护贸易政策

 C.管理贸易政策　　　　　　　　　　D.超保护贸易政策

10.超保护贸易政策的理论基础是（　　　）。

 A.李斯特的贸易保护理论　　　　　　B.李嘉图的自由贸易理论

 C.凯恩斯的对外贸易乘数理论　　　　D.亚当·斯密的自由贸易理论

二、简答题

1.自由竞争时期的保护贸易政策有何特点？

2.新贸易保护主义的主要特点是什么？

3.简述绝对成本理论的主要内容。

4.试述发展中国家管理贸易的不同做法。

实战演练
SHI ZHAN YAN LIAN >>>

训练内容

6—7 人为小组收集贸易案例，内部讨论，分析该案例应用的贸易政策。

提示

所收集的案例应分属于不同的历史时期，以展现其特点。

学习评价
XUE XI PING JIA >>>

利用所学知识完成学习效果评价表，并在对应的评价栏中给予相应评价。

内容	简要介绍	评价				
		很好	好	一般	差	很差
国际贸易政策概述						
保护贸易政策						
自由贸易政策						
管理贸易政策						

项目四

关税概述

改革开放 40 年来第一场真正意义的中美贸易战

从美国总统特朗普以备忘录形式公布针对中国的"301调查"结果开始，中美贸易战持续升级。2018年4月4日，美国政府发布了针对"301调查"的加征关税的商品清单，将对中国出口美国的1333项共500亿美元的商品加征25%的关税；同日，中国发起反击，决定对原产于美国的大豆、汽车、化工品等14类106项共500亿美元的商品加征

25%的关税。

6月15日，美国总统特朗普宣布对500亿美元从中国进口商品加征高额关税，美国海关和边境保护局将自7月6日起开始对第一批清单上818个类别、价值340亿美元的商品加征关税。中国商务部次日凌晨在网站上公布，对原产于美国的大豆、汽车、水产品等545项约340亿美元商品对等采取加征关税措施，税率为25%，上述措施从2018年7月6日起生效。

7月11日，特朗普政府对中国的贸易战加码，称美方将对另外2000亿美元从中国进口的商品加征10%的关税。其发布了一份涉及广泛的拟加税中国商品清单，其中包括数百种食品以及香烟、煤炭、化学制品、轮胎、猫狗粮和包括电视机元件在内的消费者电子产品。

作为世界上经济规模最大的经济体，中美两国对世界贸易格局有着重要影响，美国这种极限施压和讹诈的做法，背离双方多次磋商共识，也令国际社会十分失望。

思考： 中美两国为什么会发生如此大规模的贸易冲突，特朗普政府采取不断加增关税的做法，其目的是什么？

［知识一］ 认识关税

一、关税的定义

关税（Customs Duties）是进出口商品在经过一国关境时，由政府设置的海关向进出口商所征收的税收。关税在各国一般属于国家行政单位指定税率的高级税种，对于对外贸易发达的国家而言，关税往往是国家税收乃至国家财政的主要收入，政府对进出口商品都可征收关税，但进口关税最为重要，是主要的贸易措施。

> **知识窗**
>
> 海关是设在关境上的国家行政管理机构，是贯彻执行本国有关进出口政策、法令和规章的重要工具。其任务是对进出口货物、运输工具等实行监督管理、征收关税、查禁走私货物、临时保管货物等。

二、关税的性质

关税作为国家税收的一种，是国家取得财政收入的一种方式，也是管理社会经济和国民生活的一种手段，因而它具有强制性、无偿性和预定性。

强制性，是指税收是凭借法律的规定强制征收的。

无偿性，是指征收的税收除特殊例外，都是国家向纳税人无偿取得的财政收入。

预定性，是指国家事先规定一个征税比例或征税数额，征税、纳税双方必须共同遵守执行，不得随意变化或减负。

三、关税的特点

关税除具有一般税收的共性之外，作为一种单独税种，又具有不同于其他税收的特点。

（一）关税是一种间接税

关税属于间接税，因为关税是对进出口商品征税，其税负由进出口商垫付，以后把它作为成本的一部分加在货价上，在货物出售给买方时收回这笔垫款。关税负担最后转嫁给消费者，由进出口货物的实际使用人或消费者承担。

> **知识窗**
>
> 直接税与间接税：以纳税人的税负转嫁与归宿为标准，税收通常可以分为两大类，即直接税（Direct Taxes）和间接税（Indirect Taxes）。前者指由纳税人依法纳税并直接承担，税负不能转嫁给他人，如个人所得税、财产税等；后者指由纳税人依法纳税，但可通过契约关系或交易过程将税负的一部分或全部转嫁给他人。换句话说，直接税由纳税人自己承担；间接税可在一定条件下转嫁出去，最终由他人承担。

（二）关税的税收主体是进出口商人，关税的税收客体是进出口货物

在税法中，征税涉及税收主体与税收客体。税收主体也称课税主体，是指在法律上负担纳税的自然人和法人，也称纳税人。税收客体也称课税客体或课税对象。

关税的税收主体是本国的进出口商。当商品进出国境或关境时，进出口商依法向海关缴纳关税，他们是税收主体，即关税的纳税人。关税的税收客体是进出口货物，海关根据税法与有关规定，对各种进出口商品制定不同税目、税率，征收不同的税收。

（三）关税是对外贸易政策的重要手段

进出口商品不仅与国内经济和生产有着直接关系，而且与世界其他国家和地区的政治、经济等也有密切关系。主权国家常以关税为手段来体现其对外政策，尤其是对外经济贸易政策。

（四）关税可以起到调节一国进出口贸易的作用

许多国家通过制定和调整关税税率来调节进出口贸易。在出口方面，通过低税、免税和退税来鼓励奖励商品出口；在进口方面，通过提高或降低税率来调节商品的进口。

关税对进出口商品的调节作用，主要表现在以下几个方面：

1.对于国内能大量生产或者暂时不能大量生产但将来可能发展的产品，规定较高的进口关税，以削弱进口商品的竞争能力，保护国内同类产品的生产和发展。

2.对于非必需品或奢侈品制定较高的关税，达到限制甚至禁止其进口的目的。

3.对于本国不能生产和生产不足的原料、半制成品、生活必需品或生产上的急需品，制定较低税率或免税鼓励进口，满足国内的生产和生活需要。

4.通过关税调整贸易差额。当贸易逆差过大时，通过提高关税或征收进口附加税以限制进口，缩小贸易逆差；当贸易顺差过大时，通过减免关税、缩小贸易顺差，以减少与有关国家的贸易摩擦与矛盾。

········○ **思 辨 提 升** ○········

问 题 关税的征收者是谁？为什么要征收关税？

分析提示 关税通常是由政府设置的海关负责征收，但实际上是国家指派海关代为征收。国家征收关税，一方面是为了增加财政收入，另一方面是为了调节国家的进出口贸易。

［知识二］ 关税的主要种类

一、按征税的目的分类

（一）财政关税

财政关税（Revenue Tariff）又称为收入关税，是指以增加国家的财政收入为主要目的而征收的关税。

财政关税是关税产生的基本职能，征收关税的最初目的多为获取财政收入。财政关税的征收必须具备三个条件：第一，征收的进口货物必须是国内不能生产或无替代品而必须从国外输入的商品；第二，征收的进口货物在国内必须有大量消费；第三，关税税率要适中或较低。

财政关税在相当长的一个历史时期中具有非常重要的地位，其作用的大小还随一国经济发展水平而变化。经济越是落后，关税的财政作用越强；反之，越弱。随着经济的发展，财政关税在财政收入中的重要性已逐渐降低，这一方面是由于其他税源增加，关税收入在国家的财政收入中所占的比重相对下降，更重要的方面是资本主义国家广泛地利用高关税限制外国商品进口，保护国内市场和国内生产。于是，财政关税就为保护关税所代替。

（二）保护关税

保护关税（Protective Tariff）是指以保护本国工业或农业发展为主要目的而征收的关税。保护关税能否达到有效的保护目的，最主要的是取决于关税的税率。一般而言，税率越高，保护程度越高；反之，则越低。对进口商品来说，进口商品的优势在于其包括有形转移成本在内的产品成本比进口国的与其相竞争的商品的成本低，即两者之间存在一个差额。如果进口商品的关税额等于或超过这个差额，则进口商品的优势遭到削弱，但仍然可以进口一部分，从而达到部分保护的目的。就出口税而言，为了保护国内工业生产所必需的原料，出口税只要等于或超过出口商品的国内价格与国际价格的差额，就能起到完全的保护作用。有时税率高达100%以上，等于禁止进口或出口，成了禁止关税（Prohibitive Tariff）。

保护关税又可分为工业保护关税和农业保护关税。工业保护关税是为保护国内工业发展所征收的关税。工业保护关税原以保护幼稚工业为主要目的。现在，很多国家的垄断资本为了垄断国内市场，往往在本国高度发展的垄断工业或处于衰退的工业领域对外征收保护关税。农业保护关税是为保护国内农业发展所征收的关税。

一般说来，财政关税税率较低，保护关税税率较高。因为税率太高会导致进口商品价格上升，国内需求减少，关税收入亦可能随之减少，无法达到增加财政收入的目的。通常，实现财政关税的途径是对大宗国内没有供给的进口消费品征收较低的关税，其税率低到以能够获得最大关税收入为限。

二、按征税对象或商品流向分类

（一）进口税

进口税（Import Duties）是指进口国家的海关在外国商品进入关境时，向本国进口商征收的关税。进口税主要可分为最惠国税和普通税两种。最惠国税适用于从与该国签订有最惠国待遇条款的贸易协定的国家或地区进口的商品，普通税适用于从没有与该国签

订这种贸易协定的国家或地区进口的商品。最惠国税率比普通税率低，且两者税率差幅往往很大。由于目前大多数国家已加入世贸组织或签订双边贸易条约、协定，相互提供最惠国待遇，享受最惠国税，因此，最惠国税通常称为正常关税。例如美国对进口的玩具征收的最惠国税率为6.8%，普通税率为70%。

> **知识窗**
>
> 资本主义国家通过征收高额进口税来提高进口商品的价格，削弱这些商品的竞争力。因此，高额进口税是主要资本主义国家的垄断资本垄断国内市场的重要措施。我们通常所讲的关税壁垒便指高额进口税。
>
> 进口国并不是对所有进口的商品都征收高额关税。一般说来，大多数国家对工业制成品的进口征收较高关税，对半制成品的进口税率次之，而对原料的进口税率最低，甚至免税。

（二）出口税

出口税（Export Duties）是出口国家的海关在本国商品输往国外时，对出口商所征收的关税。征收出口税的目的，或者是为了增加财政收入，或者是为了保证本国的生产和本国市场的供应。例如，为了保障国内生产的需要，瑞典、挪威对出口木材征税，以保护其纸浆及造纸工业。中国对铝、铜、镍和其他能源密集型产品征收出口税。第二次世界大战结束以后，征收出口税的主要是发展中国家。例如在1975年1月，几内亚政府对铝矾土及其副产品征收出口特别税，以反对跨国公司在几内亚低价收购这些初级产品。目前，世界上大多数国家，包括一些发展中国家，对绝大部分出口商品都已不再征收出口税。

（三）过境税

过境税（Transit Duties）又称通过税，是一国对通过其本国关境的外国货物所征收的关税。过境税最大的影响是抬高商品在国际市场的价格，加重生产厂商和消费者的负担，减少国际贸易量。第二次世界大战结束后，关贸总协定明确规定缔约国不能征收过境关税，只能收取少许行政费或服务费，并使过境商品顺利过境。

三、按征税的一般方法或征税标准分类

（一）从量税

从量税（Specific Duties）是以商品的计量单位为标准计征的关税。国际贸易中使用的计量单位很多，主要有重量、数量、容量、长度、面积、体积等。例如美国对薄荷脑的进口征收从量税，普通税率下每磅征收50美分，最惠国税率下每磅征收17美分。从量税额的计算公式如下：

从量税额＝商品数量×每单位从量税额

各国征收从量税，大部分以商品的重量为单位来征收。从量税多应用于体积较大而价值较少的初级产品。发达国家使用从量税主要针对食品、饮料、动植物油等的进口；而发展中国家的出口以初级产品为主，从量税就使这类产品的税负相对较重。从量税有如下特点：

1.计税方法简单，有利于进出口货物迅速通关。

2.对质次价廉的进口商品抑制作用较大，保护作用较强，对质优价高的进口商品抑制作用较小，保护作用较弱。

3.单位从量税额不能随物价的涨落经常更改。因此，在商品价格下降时，税负不会减少，会加强关税的保护作用；反之，在商品价格上涨时，因单位从量税额不变，税负相对减少，保护作用也随之减弱，不能完全达到保护关税的目的。

4.对一些新产品、古玩、艺术品等难以制定从量税额。

在从量税确定的情况下，从量税额与商品数量的增减成正比关系，但与商品价格无直接关系，而所谓关税的保护作用的加强或减弱，是相对于从价税而言。第二次世界大战以前，资本主义国家普遍采用从量税的方法计征关税。战后由于商品种类、规格日益繁杂和通货膨胀加剧，大多数国家普遍采用从价税的方法计征关税。

（二）从价税

从价税（Ad Valorem Duties）是以进口商品的价格为标准计征的关税，其税率表现为货物价格的百分比。例如美国对羽毛制品的进口征收从价税，普通税率为60%，最惠国税率为4.7%。从价税额的计算公式如下：

从价税额＝商品总值×从价税率

从价税额与商品价格有直接关系，随着商品价格的变动而变动，所以它的保护作用与价格有密切联系。如在价格下跌的情况下，其税率不变，从价税额相应减少，因而保护作用也有所下降。一般来说，从价税有以下几个优点：

1.征收方法简单。对于同种商品，可以不必因其品质差异而分别纳税。

2.税率明确，有利于各国关税水平的相互比较。

3.税收负担较为公平，税额随商品价格、品质的高低而增减，比较符合税收的公平原则。

4.在税率不变时，税额随商品价格上涨而增加，既可增加财政收入，又可起到保护关税的作用。

从价税是大多数国家使用的主要征税标准，但在征收从价税时，比较复杂的问题是确定进口商品的完税价格。各国采取的完税价格标准很不一致，大体上可概括为三种：一是以包括成本、运费、保险费在内的价格（CIF价格）作为征税的价格标准；二是以装运港船上交货价格（FOB价格）作为征税的价格标准；三是以海关估价作为征税的价格标准。

（三）混合税

混合税（Mixed Duties）又称复合税，它是对某种进出口商品采用从量税和从价税同时征收的一种关税计征方法。混合税额的计算公式如下：

混合税额＝从价税额＋从量税额

混合税可分为两种：一种是以从量税为主加征从价税，另一种是以从价税为主加征从量税。混合税的主要优点是可以广辟税源，能够充分而有弹性地满足国家财政需要；便于发挥各个税种特定的经济调节作用，可以全面体现国家政策；征税范围较广，有利于实现公平税负目标。主要缺点是从价税额与从量税额的比例难以确定。

········○ **思辨提升** ○········

1.甲国对男士羊绒衫征收混合税，每磅征收从量税38美分，加征从价税15%。若进口一批羊绒衫共5000件，每件重0.4磅，单价为每件20美元，请计算应交纳的税额。

2.乙国对进口自行车征收混合税，从价税5%，每辆加征60元的从量税。若进口一批自行车每辆800元，进口1万辆，请计算应交纳的税额。

（四）选择税

选择税（Alternative Duties）是对一种进口商品同时定有从价税和从量税两种税率，但征税时选择税额较高的一种征税。选择税比较灵活，进口国可以根据进口商品的价格变动情况和国内经济情况选择有利的课税方法，这样既能保证税款数量，又能充分发挥其保护作用。

四、按常规与临时分类

（一）法定关税

法定关税（Statutory Tariff）是指在海关税则上列出的进出口商品的关税税目的税率，依法固定征收。

（二）进口附加税

进口附加税（Import Surtaxes）是指一个国家（或地区）对进口商品除征收一般正常关税外加征的额外关税。

征收进口附加税通常是一种特定的临时性措施。开征进口附加税的目的是多样化的，一是为了应付国际收支危机，扭转贸易逆差；二是为了抵制外国的倾销；三是为了对特定国家实行报复或歧视等。开征进口附加税的直接效果是阻碍商品的进口。因此，进口附加税又称特别关税。

征收进口附加税，可以对所有进口商品都征收，也可以灵活掌握，针对个别国家和个别商品征收。这种进口附加税主要有以下两种：

1. 反补贴税

反补贴税（Counter-vailing Duty）是对于直接或间接接受任何补贴的外国商品所征收的一种进口附加税。凡进口商品接受的补贴，不管是直接的还是间接的，也不管这种补贴是来自政府还是商业工会，都会征收反补贴税。反补贴税税额一般按接受补贴数额征收，征收的目的在于提高进口商品的价格，抵消其所享受的补贴支持，削弱其竞争力。在实践中，有些国家往往滥用这一税种，发达国家之间也常在补贴与反补贴的问题上发生贸易摩擦。

> **知识窗**
>
> 关贸总协定乌拉圭回合谈判把补贴和反补贴规则纳入重要议题，通过谈判对原有的守则作了修改和补充，达成了新的《补贴与反补贴协议》。其主要内容为：
>
> 1. 补贴的定义。补贴是指政府或任何公共机构对企业提供的财政捐助和政府对收入或价格的支持。其范围包括：
>
> ①政府直接转让资金，即赠予、贷款、资产注入；潜在直接转让资金和债务，即贷款担保。
>
> ②政府财政收入的放弃或不收缴。
>
> ③政府提供货物或服务，或购买货物。

④政府向基金机构拨款，或委托、指令私人机构履行前述一至三项职能。

⑤构成1994年关贸总协定第16条含义的任何形式的收入和价格支持。

2.征收反补贴税程序。该协议对征收反补贴税程序作了具体规定：

①申诉和调查。

②举证，即所有利害关系方提供书面证据。

③当事双方磋商解决问题。

④如果磋商后补贴方愿修改价格和作出其他价格承诺，补贴诉讼可暂停或终止。

⑤如承诺无实际行动，可继续调查，算出补贴数额，征收反补贴税。

⑥日落条款，即规定征收反补贴税期限不得超过五年，除非国家负责部门在审定的基础上认定，取消反补贴税将导致补贴和损害的继续和再现。

2.反倾销税

反倾销税（Anti-dumping Duty）是对于实行商品倾销的进口商品所征收的一种进口附加税。进口商品以低于正常价值的价格进行倾销，并对进口国的同类产品造成重大损害，这是征收反倾销税的重要条件。反倾销税的税额一般按倾销价格与正常价格之间的差额征收，其目的在于抵制商品倾销，保护本国的市场与工业。

知识窗

由于一些国家广泛利用征收反倾销税阻止国外商品进口，而且还利用反倾销调查，故意拖延时间，来阻止商品进口，因此，关贸总协定对反倾销税作了规定。关税与贸易总协定第6条对倾销与反倾销的规定主要有以下几点：

①用倾销手段将一国产品以低于正常价值的价格挤入另一国贸易时，如因此对某一缔约国领土内已建立的某项工业造成重大损害或产生重大威胁，或者对某一国内工业的新建产生严重阻碍，这种倾销应该受到谴责。

②缔约国为了抵消或防止倾销，可以对倾销的产品征收数量不超过这一产品倾销价格与正常价格之间的差额的反倾销税。

③"正常价格"是指相同产品在出口国用于国内消费时在正常情况下的可比价格。如果没有这种国内价格，则是相同产品在正常贸易情况下向第三国出口的最高可比价格，或产品在原产国的生产成本加合理的推销费用和利润。

④不得为抵消倾销或出口补贴，而同时对同一产品既征收反倾销税，又征收反补贴税。

⑤为了稳定初级产品价格而建立的制度，即使它有时会使出口商品的售价低于相同产品在国内市场上销售的可比价格，也不应认为造成了重大损害。

（三）差价税

差价税（Variable Levy）又称差额税，是指当某种本国生产的产品国内价格高于同类进口商品价格时，为了削弱进口商品的竞争能力，保护国内生产和国内市场，按国内价格与进口价格之间的差额征收的关税。

差价税随着国内外价格差额的变动而变动，因此，它是一种滑动关税（Sliding Duty）。对于征收差价税的商品，有的规定按价格差额直接征收，有的规定在征收一般关税以外另行征收，这种差价税实际上属于进口附加税。

五、按关税待遇分类

（一）普通关税

普通关税又称一般关税，是指对与本国没有签署贸易或经济互惠等友好协定的国家原产的货物征收的非优惠性关税。这种关税税率一般由进口国自主制定，只要国内外的条件不发生变化，可长期使用，税率较高。

（二）优惠关税

优惠关税是指对来自与本国签订有友好协定、贸易协定等国际协定或条约的国家或地区进口的商品在关税方面给予优惠待遇，其税率低于普通关税税率。主要种类有：

1.特惠税

特惠税（Preferential Duties）又称优惠税，它是指对从某个国家或地区进口的全部商品或部分商品，给予特别优惠的低税或免税待遇，其他国家不得根据最惠国待遇条款要求享受这种优惠关税。特惠税有的是互惠的，有的是非互惠的。

> **知识窗**
>
> 特惠税开始于宗主国与殖民地附属国之间的贸易。第二次世界大战结束以后，欧共体成员国同非洲、加勒比海和太平洋地区一些发展中国家通过《洛美协定》，也实行特惠税。
>
> 《洛美协定》规定了欧共体成员国向参加协定的发展中国家单方面提供特惠税，即欧共体在免税不限量的条件下，接受这些发展中国家全部工业品和98%的农产品进入欧共体国家市场，而不要求这些发展中国家给予互惠。那些没有享有免税

待遇的农产品，是西欧共同市场农业政策所包括的农畜产品以及一些西欧共同市场能够生产的温带园艺品。

2.最惠国税

最惠国待遇是指缔约国双方相互间现在和将来给予第三国在贸易上的优惠、豁免和特权同样给予缔约双方，包括关税。最惠国税税率低于普通关税税率，但高于特惠关税税率。目前，世界大多数国家（或地区）已加入世界贸易组织，其他国家（或地区）也大部分签订了双边的贸易条约，相互提供最惠国待遇，享受最惠国税率。因此，最惠国税通常称为正常关税。

3.普遍优惠制

普遍优惠制（Generalized System of Preferences，简称"GSP"）简称普惠制，是西方发达国家给予发展中国家和地区的低税待遇。在1968年联合国贸易和发展会议上，发达国家承诺对从发展中国家和地区进口的商品给予普遍的、非歧视的、非互惠的优惠关税待遇，以扩大发展中国家和地区的出口，促进经济增长。

普惠制的主要原则包括普遍性原则、非歧视性原则和非互惠性原则。所谓普遍性原则，是指发达国家应对发展中国家和地区出口的制成品和半制成品给予普遍的优惠待遇。所谓非歧视性原则，是指应使所有发展中国家和地区都不受歧视，无例外地享受普惠制待遇。所谓非互惠性原则，是指发达国家应单方面给予发展中国家和地区关税待遇，而不要求发展中国家和地区提供反向优惠。

普惠制的目的是：增加发展中国家和地区的外汇收入；促进发展中国家和地区的工业化；加速发展中国家和地区的经济发展。

截至2017年9月，已有41个国家成为普惠制给惠国。它们是欧洲联盟28国（即德国、法国、英国、意大利、荷兰、比利时、卢森堡、丹麦、爱尔兰、希腊、西班牙、葡萄牙、奥地利、芬兰、瑞典、马耳他、塞浦路斯、波兰、匈牙利、捷克、斯洛伐克、斯洛文尼亚、爱沙尼亚、拉脱维亚、立陶宛、克罗地亚、罗马尼亚和保加利亚）、日本、新西兰、挪威、瑞士、加拿大、澳大利亚、美国、俄罗斯、白俄罗斯、乌克兰、哈萨克斯坦、土耳其和列支敦士登。享受普惠制关税优惠的发展中国家和地区有170多个。我国享有除美国、欧盟28国外的其他12个给惠国的普惠制待遇。

普惠制自1970年实行以来，对促进和扩大发展中国家制成品和半制成品的出口起到了积极作用。

普惠制的给惠国在提供普惠制待遇时，是通过普惠制方案来执行的。这些方案是由各给惠国或国家集团单独制定和公布的，各有特点，不尽相同。在方案组成中，主要的规定如下：

（1）对受惠国家和地区的规定

各个普惠制方案中都列有受惠国家和地区的名单。普惠制在原则上应对所有发展中国家和地区都无歧视、无例外地提供优惠待遇，但有的给惠国从自身的经济和政治利益出发，把某些受惠国或地区排除在受惠国名单之外。例如，美国公布的受惠国名单中，不包括某些发展中的社会主义国家和石油输出国组织的成员国。

（2）对受惠产品范围的规定

各给惠国都列有自己的给惠产品清单与排除产品清单。普惠制原应对受惠国和地区的制成品和半制成品普遍实行关税减免，但实际上许多给惠国并不是这样，它们往往根据本国经济贸易政策的需要而有所增减。一般来讲，在公布的受惠商品清单中，农产品的受惠产品较少，工业品的受惠产品较多。少数敏感性产品，如石油产品、皮革制品等，被排除在外。

（3）对受惠减税幅度的规定

减税幅度又称普惠制优惠幅度。受惠产品减税幅度的大小取决于最惠国税率和普惠制税率间的差额。最惠国税率越高，普惠制税率越低，差额就越大；反之，差额就越小。一般说来，农产品的减税幅度小，工业品的减税幅度较大，但也有例外。

（4）给惠国对保护措施的规定

各给惠国一般都在基本方案中规定保护措施，以保护本国某些产品的生产和销售。保护措施有：

①免责条款。又称例外条款，是指给惠国产品的进口量增加到对其本国同类产品或有直接竞争关系的产品的生产者造成或即将造成严重损害时，给惠国保留对该产品完全取消或部分取消关税优惠待遇的权利。

②预定限额。指预先规定在一定的时期内某项受惠产品的关税优惠进口限额，对超过限额的进口按规定恢复征收最惠国税率。

③竞争需要标准。又称部分需要排除，是指在一年内对来自受惠国或地区的某项进口产品，如超过竞争需要限额或超过给惠国进口该项产品总额的一半，则取消下年度该受惠国或地区这项产品的关税优惠待遇。美国采用这种标准。

④毕业条款。即当一些受惠国家的某项产品或其经济发展到较高程度，使它在世界市场上显示出较强竞争力时，则取消该项产品或该国享受关税优惠待遇的资格，称为

"毕业"。这项条款按适用范围的不同，可分为"产品毕业"和"国家毕业"。前者指取消从受惠国或地区进口的部分产品的关税优惠待遇；后者指取消从受惠国或地区进口的全部产品的关税优惠待遇，即取消受惠国或地区的受惠资格。美国从1981年起采用毕业条款规定，欧盟从1995年1月起也实施这项办法。

（5）对原产地的规定

对原产地的规定又称原产地规则，是衡量受惠国出口产品是否取得原产地资格、能否享受优惠的标准。其目的是确保发展中国家和地区的产品利用普惠制扩大出口，防止非受惠国的产品利用普惠制的优惠扰乱普惠制下的贸易秩序。

（6）有效期

根据联合国贸易和发展会议决议，普惠制实施期限以10年为一个阶段。现在绝大多数给惠方案都已进入第三个10年实施阶段。为适应需要，有些给惠国在方案有效期内定期或不定期地公布方案的修改内容。

［知识三］ 关税对国际贸易的影响

国际贸易的发展和变化受到各种因素的影响，其中关税的影响尤为明显。这种影响主要表现在以下几个方面。

一、关税对世界贸易发展的影响

当世界上主要国家普遍提高关税和加强非关税壁垒时，不仅这些国家的进出口商品的数量要减少，而且由于相互影响、相互作用，全球进出口商品的数量也将进一步减少，影响国际贸易的发展。在其他条件不变的情况下，世界主要国家关税税率的增减程度或非关税壁垒的加强程度与国际贸易的发展速度成反比关系。

二、关税对商品结构与地理方向的影响

关税壁垒和非关税壁垒在一定程度上影响国际贸易商品结构和地理方向的变化。发达资本主义国家工业制成品进口关税下降幅度超过农产品，工业制成品受非关税壁垒的影响程度小于农产品；发达资本主义国家之间的关税下降幅度超过对发展中国家（社会主义国家）的关税下降幅度；发展中国家（社会主义国家）对外贸易受发达国家非关税

壁垒的影响程度超过发达资本主义国家本身。这种差异是使战后制成品贸易的增长快于农产品贸易的增长，发达资本主义国家间贸易的增长超过它们与发展中国家（社会主义国家）间贸易的增长的重要原因。

三、关税对商品价格、生产和销售的影响

关税与商品的价格、生产、销售有着密切的关系，进口税的征收对于进口国和出口国都有着重要影响。

（一）征收进口税对于进口国的影响

1.引起商品价格上涨，使消费者蒙受损失。在其他条件不变的情况下，征收关税以后，进口商品的价格提高，国内相同产品的价格也会随之提高，使消费者支出增加。

2.增加国家的财政收入。不论是财政关税还是保护关税，都有增加国家财政收入的作用。关税收入在国家财政收入中的比重虽已大为降低，但它仍然是发展中国家财政收入的重要来源之一。

3.保护国内的产业和市场。对进口商品征收关税，加大了进口商品的成本，削弱了它与国内同类商品的竞争能力，影响了进口商品的销售，从而起到了保护国内产业和市场的作用。进口商品价格上涨，会带动国内同类产品价格的提高，给有关厂商带来更多的利润。

（二）征收进口税对于出口国的影响

对出口国来说，进口国对商品征收进口税，会导致出口商品数量减少和价格下跌，使出口国遭受损失。

········○ **思辨提升** ○········

问题 如何利用关税手段保护本国发展较弱的工业？又如何利用关税手段引进外国先进产品？

分析提示 关税对国际贸易有着重要的调节作用。为保护本国发展较弱的工业，应该对该工业的相关国外产品征收高关税，从而减少进口，避免竞争。为引进外国先进产品，应对该产品征收低关税或者免征关税，从而降低该产品的价格，扩大购买量。

四、关税对贸易差额与国际收支的影响

当一国出现严重的贸易入超和国际收支逆差时，如果广泛采取提高进口关税等限制进口的措施，可能会暂时抑制进口，缩小贸易逆差和改善国际收支，但从长期来看，提高进口关税是否确实可起到这种作用，则难以定论。

例如，征收高额进口关税，限制了国外商品进口，会引起国内产品价格上涨，导致某些产品的生产成本提高，削弱出口产品的竞争能力，产生相反的后果。对钢铁进口征收高关税，则使用钢铁加工的工业品将增加成本；对机器设备进口征收高关税，则会提高使用这种机器设备部门的生产成本。这些产品将因征收关税而削弱出口竞争能力，出口减少，贸易入超将可能重新产生或扩大。

此外，一国提高关税，可能会引起有关国家的连锁反应，竞相提高关税，高筑关税壁垒，限制对方的商品进口，结果会抵消关税在缩小贸易差额和改善国际收支方面的作用。

综上所述，关税是影响国际贸易的重要因素之一，但必须指出：上述的各种影响是在假设其他条件相同或不变的情况下发生的，如果情况发生变化，关税对国际贸易的影响也会随之变化。

巩固练习
GONG GU LIAN XI

一、单项选择题

1.关税的是一种（　　）税。

　A.直接　　　　　　B.政府　　　　　　C.间接　　　　　　D.企业

2.反补贴税的税额一般按（　　）征收。

　A.补贴数量　　　　　　　　　B.商品价值总额

　C.补贴后的商品价值总额　　　D.补贴数额

3.从价税的税率表现为（　　）。

　A.货物价格比　　　　　　　　B.货物的价格百分比

　C.货物的价格　　　　　　　　D.货物价格重量比

4.普惠制是指（　　）。

　A.西方发达国家给予发展中国家和地区的低税待遇

　B.特定国家给予某个或某些国家或地区的低税待遇

C.世界贸易组织成员之间给予进口商品的低税待遇

D.特定国家给予某种或某些商品的低税待遇

5.日本甲公司从美国进口大豆,向本国海关缴纳关税,那么关税的税收主体应该是(　　)。

A.甲公司　　　　　B.大豆　　　　　C.海关　　　　　D.消费者

二、简答题

1.关税如何调节一国的进出口贸易?

2.简述关税的主要种类。

3.关税对国际贸易的影响表现在哪些方面?

4.进口税的征收对进口国和出口国分别有哪些影响?

实战演练
SHI ZHAN YAN LIAN

训练内容

5—6人为小组,收集当前世界各国在对外贸易方面采取的关税措施,讨论并分析关税对国际贸易的影响。

提示

同学们可在已掌握的关税知识的基础上,利用网络收集相关案例和资料等。

学习评价
XUE XI PING JIA

利用所学知识完成学习效果评价表,并在对应的评价栏中给予相应评价。

内容	简要介绍	评价				
		很好	好	一般	差	很差
关税的含义、特点						
关税的种类						
关税对国际贸易的影响						

项目五
非关税壁垒

学习目标 >>>

◎ **知识目标**

1.了解非关税壁垒的含义、特点;

2.掌握非关税壁垒的主要措施;

3.理解非关税壁垒对国际贸易的影响。

◎ **技能目标**

1.能够列举非关税壁垒与关税壁垒的区别;

2.掌握非关税壁垒在限制进口方面的作用。

◎ **情感目标**

加深对非关税壁垒存在必要性的理解。

案例导入
AN LI DAO RU >>>

永通染织集团成功破除绿色贸易壁垒

永通染织集团是浙江一家专门从事女装出口的制衣公司,十几年前,它将一批成衣按订单要求发往德国,却被拒之门外。纳闷不已的经营者被告知:不是服装尺寸不对路,而是小小的纽扣出了大问题——不符合环保要求。

原来,纺织品出口在欧盟国家的检验中有几项重要的指标,其中包括染料中的偶氮和19种分散染料（染原料的几种有害化学成分）是否超标。中国成功入世后，作为纺织大市的绍兴出现了空前的出口好势头，但不少绍兴纺织品在欧洲市场屡屡受挫，问题多数出在染料上。

痛定思痛，永通染织集团积极寻求破除绿色贸易壁垒之法。当时，国内化工行业还没有环保染料，永通就用国外的，尽管在大力开源节流之后，成本还是提高了30%，出口几乎无利可图，但是永通人下定决心，要在世界市场上打响这张"绿色"牌。集团不仅将染料全部改成环保型产品，还斥资200多万元在企业内部建立了检测中心。

破除了绿色贸易壁垒后的永通染织集团如同掌握了阿里巴巴"芝麻开门"的秘诀，不仅顺利打开了欧洲市场，而且牢牢占据了世界市场相当的份额。这家10多年前还名不见经传的民营企业，在全国印染行业中创下了产量、销售、出口三项全国冠军，外贸出口超过1亿美元，产品行销75个国家，让业内人士连连称奇。如今，随着国内环保染料价格的总体走低，永通染织集团的效益显著提高。

思考：永通染织集团的成功说明要在国际贸易中立足，必须遵守一定的贸易规则。那么，它是如何适应规则、扭转在国际贸易中的不利处境的？

［知识一］ 认识非关税壁垒

一、非关税壁垒的含义及种类

非关税壁垒（Non-Tariff Barriers）是指除关税以外限制进口的各种法规和行政措施的总称，是实行贸易保护主义的重要手段。

非关税壁垒主要有两大类：直接的非关税壁垒和间接的非关税壁垒。前者是指进口国对进口商品的品种、数量或金额加以直接限制，或强迫出口国直接限制商品的出口，主要包括进口配额制、"自动"出口配额制、进口许可证、外汇管制等。后者是指进口国对进口商品规定各种严格的管理办法（如苛刻的条例和技术标准等），以起到限制进口的效果，主要包括进出口国家垄断、歧视性政府采购政策、国内税、最低限价制和禁止出口、进口押金制、专断的海关估价制、技术性贸易壁垒等。

二、非关税壁垒的特点

非关税壁垒和关税壁垒都有限制进口的作用，但是非关税壁垒与关税壁垒相比，有

以下特点：

（一）非关税措施比关税具有更大的灵活性和针对性

关税的制定，往往要通过一定的立法程序，其内容的调整和修改，也需要一定的法律程序和手续，因此关税具有一定的延续性。同时，关税还要受到最惠国待遇条款的约束。而非关税措施的制定与实施，则通常采用行政程序，制定起来比较迅速，程序也较简单，能随时针对某国或某种商品采取或更换相应的限制进口措施，从而较快地达到限制进口的目的。

（二）非关税措施的保护作用比关税的保护作用更为强烈和直接

关税措施是通过征收关税来提高商品成本和价格，进而削弱其竞争能力的，因而其保护作用具有间接性。而一些非关税措施如进口配额制，预先限定进口的数量和金额，超过限额就直接禁止进口，这样就能快速而直接地达到关税措施难以达到的目的。

（三）非关税措施比关税更具有隐蔽性和歧视性

关税措施，包括税率的确定和征收办法都是透明的，出口商可以比较容易地获得有关信息。另外，关税措施的歧视性也较低，它往往要受到双边关系和国际多边贸易协定的制约。但一些非关税措施则往往透明度差、隐蔽性强，而且有较强的针对性，容易对别的国家实施差别待遇。

知识窗

由于世贸组织各成员关税水平不断降低和受到约束，关税对进口的限制作用越来越弱，加之非关税壁垒具有优于关税壁垒的特点，非关税壁垒日益加强，其发展趋势主要表现在：

（1）非关税壁垒的种类不断增多；

（2）非关税壁垒的歧视性明显增长；

（3）受非关税壁垒限制的商品范围不断扩大；

（4）受非关税壁垒限制和损害的国家和地区日益增加。

········○ **思辨提升** ○········

问 题　你能列举出你所知道的常见的非关税壁垒的例子吗？

分析提示　歧视性政府采购：政府机关及事业单位的电脑采购主要集中在联想这一国产品牌；进出口国家垄断：烟草、武器等关系国计民生、国家安全的产品由国家垄断经营。

［知识二］ 非关税壁垒的主要措施

近年来，非关税壁垒在影响和限制贸易自由流动中的隐蔽性越来越明显，已成为各国和一些国际组织关注的焦点。现介绍几种主要的非关税壁垒措施。

一、直接的非关税壁垒措施

（一）进口配额制

进口配额制（Import Quotas System）又称进口限额制，是指一国政府在一定时期内（通常为一年），对某些商品的进口数量或金额加以直接限制。进口配额制是实行数量限制的主要手段。进口配额的形式如图5-1所示。

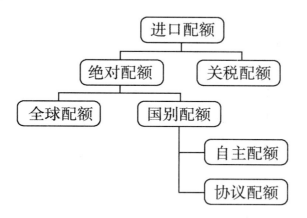

图 5-1　进口配额的形式

进口配额有两种形式：

1.绝对配额

绝对配额（Absolute Quota）是指在一定时期内，进口国政府对某种商品的进口数量或金额规定一个最高数额，达到这个数额后便不准进口。这种方式在实施中，有以下两

种形式：

（1）全球配额（Global Quotas），是指一国的进口配额对全球商品一律适用，不将额度分配给不同国家的配额管理。全球配额并不限定进口的国别或地区，故配额公布后，进口商往往相互争夺配额。邻近的国家或地区依其优越地理因素，在竞争中居于有利地位。为了弥补这种情况所带来的不足，一些国家采用了国别配额。

（2）国别配额（Country Quotas），是指一国将其进口额度分配给不同的国家和地区，各国各地区可因与该国不同的政治经济关系获得不同的配额。为了区分来自不同国家和地区的商品，在进口商品时进口商必须提交原产地证明书。

国别配额又可分为自主配额和协议配额两类：

①自主配额（Autonomous Quotas）又称单方面配额，是由进口国家完全自主地、单方面规定在一定时期内从某个国家、地区进口某种商品的配额。自主配额一般参照某国过去的进口实绩，按一定比例确定新的进口数量、金额。自主配额由进口国家自行制定，往往由于分配额度差异引起某些出口国家（或地区）的不满和报复。因而，有些国家采取协议配额。

②协议配额（Agreement Quotas）又称双边配额，是由进口国家和出口国家的政府或民间团体之间协商确定的配额。协议配额是由双方协商确定的，通常不会引起出口方的反感和报复，有利于与各国达成谅解，有利于协议实施。

2.关税配额

关税配额（Tariff Quota）是指一国政府对商品进口的绝对数额不加限制，而对在一定时期内，在规定的关税配额以内的进口商品，给予低税、减税或免税待遇，对超过配额的进口商品征收高关税、附加税或罚款。这种方式在实施中也有以下两种形式：

（1）优惠性关税配额，即对关税配额内进口的商品给予较大幅度的关税减让，甚至免税；对超过配额的进口商品征收原来的最惠国税。欧盟在普惠制实施中所采用的关税配额就属此类。

（2）非优惠性关税配额，即对关税配额内进口的商品征收原来正常的进口税，一般按最惠国税率征收；对超过关税配额的部分征收较高的进口附加税或罚款。例如，1974年12月，澳大利亚曾规定对除男衬衫、睡衣以外的各种服装，凡是超过配额的部分加征175%的进口附加税。

（二）"自动"出口配额制

"自动"出口配额制（"Voluntary" Export Quotas）又称"自动"限制出口，是指出口国家或地区在进口国的要求或压力下，"自动"规定某一时期内某些商品对该国的出口限制，在限定的配额内自行控制出口，超过配额即禁止出口。

"自动"出口配额制与绝对进口配额制在形式上略有不同。绝对进口配额制是由进口国家直接控制进口配额来限制商品的进口，而"自动"出口配额制是由出口国家直接控制这些商品对指定进口国家的出口。

"自动"出口配额制带有明显的强制性，进口国家往往以商品大量进口使其有关工业部门受到严重损害、造成市场混乱为由，要求有关国家的出口实行有秩序的增长，"自动"限制商品出口。在这种情况下，一些出口国家不得不实行"自动"出口配额制。

"自动"出口配额制一般采取以下两种形式：

1.非协定的"自动"出口配额制

非协定的"自动"出口配额制，即由出口国单方面自行规定出口配额，限制商品出口。此种配额有的由出口国政府规定并予以公布，出口商必须向有关机构申请配额，领取出口许可证后才能出口；有的由出口国的出口商或同业公会根据政府的政策意向来自行规定。

2.协定的"自动"出口配额制

协定的"自动"出口配额制，即由进口国与出口国通过谈判签订自限协定或有秩序销售协定，在协定的有效期限内规定某些产品的出口配额，出口国据此配额实行出口许可证制，"自动"限制有关商品出口，进口国则根据海关统计来进行监督检查。"自动"出口配额制大多数属于这一种。例如，欧盟与日本签订的"自限协议"规定，日本1994年向欧盟出口的汽车应控制在99.3万辆以内。

相关链接

日本限制本国汽车出口美国

在20世纪60年代和70年代的大部分时间里，美国消费者因为生活在一个大国，而且汽油税很低，因此比欧洲人和日本人更喜欢大型汽车。另外，外国公司也没有选择在大型汽车市场上与美国竞争。但是在1979年，石油价格急剧上涨和暂时的汽油短缺使美国市场一下子转向小型汽车，而当时日本生产商的成本无论在哪个方面都已经低于美国的竞争者，因此它们迅速打入美国市场并满足了新的需求。

随着日本厂商的市场份额持续扩大以及美国本土汽车产量不断下滑，美国国内的强大政治力量要求保护本国的汽车工业。为了避免单方面的行为引发贸易战，美国政府要求日本限制出口。日本害怕若不答应美国要求，可能会招致美国的单方贸易保护，也就同意限制本国汽车在美销售。1981年，双方达成了第一份协议，约定把日本每年出口美国的汽车总量限制在168万辆，1984年又把总数修正为185万辆。1985年，美国允许日本不再执行这一协议。

（三）进口许可证制

进口许可证制（Import Licence System），指商品的进口事先要由进口商向本国主管部门提出申请，经过审查发给许可证后方可进口，没有许可证，一律不准进口。进口许可证的分类如下：

1.从进口许可证与进口配额的关系上划分

从进口许可证与进口配额的关系上划分，进口许可证可分为有定额的进口许可证和无定额的进口许可证。有定额的进口许可证是指国家有关机构预先规定有关商品的进口配额，然后在配额的限度内，根据进口商的申请对每一笔进口货发给进口商一定数量或金额的进口许可证。无定额的进口许可证，是指进口国并不公布进口配额，是否发给进口许可证是在个别考虑的基础上决定的。

2.从进口许可证的许可范围上进行划分

从进口许可证的许可范围上进行划分，进口许可证可分为公开一般许可证和特种许可证两种。公开一般许可证又称为公开进口许可证，这种许可证对进口国别或地区没有限制，进口商只要填写公开一般许可证，即可获准进口。因此，这类许可证许可进口的商品实际上是"自由进口"商品。特种许可证又称非自动许可证，进口国贸易主管部门对进口商的申请进行逐笔审查后方可放行，并须明确指定进口国别或地区，这种许可证才是起限制进口作用的许可证。其适用的商品主要是烟、酒、军火以及某些禁止进口的商品。进口商在进口前必须向政府主管部门提出申请，获准后才能进口。

在进口许可证的使用中，有的国家故意制定繁琐复杂的申领程序和手续，使得进口许可证制度成为一种拖延或限制进口的措施。

相关链接

泰国的钢材进口许可制度

泰国工业标准协会（TISI）引入强制注册和许可证制度，严格控制钢材进口并确保其符合标准，涉及产品包括热卷、中厚板、冷轧板卷、低碳盘条、螺纹、角钢和型钢。

TISI在2015年1月30日发布的公告规定，仅TISI批准的钢材方可进口，因此要求所有进口商和进口企业务必将每次进口货物的详细资料报告给TISI，违反者可能面临最多两年的监禁或最多100万泰国铢的罚金。

（四）外汇管制

外汇管制（Foreign Exchange Control）是指一国政府为了保障本国经济发展，稳定货币金融，维护对外经济的正常进行，平衡国际收支而对外汇买卖、国际结算和外汇资金流动所实施的一种限制性措施。

在外汇管制的国家，出口商必须把他们出口所得到的外汇收入按官定汇率卖给外汇管制机关；进口商也必须在外汇管制机关按官定汇价申请购买外汇；本国货币的携带出入国境，也要受到严格的限制。这样，国家的有关政府机构可以通过确定官定汇价、集中外汇收入和批汇的办法，控制外汇供应数量，来达到限制进口商品品种、数量和进口国别的目的。

外汇管制一般可分为以下三种：

1.数量性外汇管制

数量性外汇管制是指国家外汇管理机构对外汇买卖的数量直接进行限制分配，旨在集中外汇收入，控制外汇支出，实行外汇分配，以达到限制进口商品品种、数量和国别的目的。一些国家实行数量性外汇管制时，往往规定进口商必须在获得进口许可证后，方可得到所需的外汇。

2.成本性外汇管制

成本性外汇管制是指国家外汇管理机构对外汇买卖实行两种以上汇率的复汇率制，利用外汇买卖成本的差异间接影响不同商品的进口。

复汇率制，是指一国货币的对外汇率不只有一个，而是有两个或两个以上的汇率。其目的是利用汇率的差别来限制或鼓励商品进口或出口。各国的复汇率制不尽相同，但复汇率制的主要原则大致相似。

在进口方面：①对于国内需要而又供应不足或不生产的重要原料、机器设备和生活必需品，适用较为优惠的汇率；②对于国内可大量供应和非重要的原料和机器设备，适用一般的汇率；③对于奢侈品和非必需品，只适用最不利的汇率。

在出口方面：①对于缺乏国际竞争力但又要扩大出口的某些出口商品，给予较为优

惠的汇率；②对于其他一般商品出口，适用一般汇率。

3.混合性外汇管制

混合性外汇管制是指同时采用数量性和成本性外汇管制，使国家能更有效地控制外汇，限制商品进口。

随着全球经济一体化和贸易自由化的不断发展，越来越多的国家加入世界贸易组织或遵守世贸组织的国际规则，区域及全球贸易自由化与投资自由化程度不断提高，外汇管理及外汇管制从内容到形式都在不断变化。其总的方向是从严格管制向宽松管理发展，从复汇率制向单一汇率制发展，从政府操纵汇率向市场决定汇率发展，从严格限制外汇出入向外汇自由出入发展。

二、间接的非关税壁垒措施

（一）进出口国家垄断

进出口国家垄断（State Monopoly of Import and Export）是指国家对某些商品的进出口，规定由国家机构直接进行经营，或者把某些商品的进口或出口的垄断权授予某个垄断组织经营。

目前各国的进出口国家垄断主要集中在四类商品上：

第一类是烟酒类。烟酒是非生活必需品，但消费者众多，消费量巨大，国家对其垄断专营，既可以取得巨大的财政收入，又可使其控制在一定数量以内。

第二类是农产品。农产品是敏感性商品，关系到国计民生，因此许多国家垄断农产品的进出口，把农产品的对外垄断销售作为国内农业政策措施的一部分。

第三类是武器。武器直接关系到整个国防和社会的安定，世界上几乎所有的国家都是由国家直接垄断武器进出口的。

第四类是石油。石油是工业的血液，直接影响到工业生产的顺利进行，在各国的经济发展中占据着异常重要的地位。

（二）歧视性政府采购政策

歧视性政府采购政策（Discriminatory Government Procurement Policy）是指国家制定法令，规定政府机构在采购货物时，要优先购买本国货，从而起到限制外国商品进口的作用。

早在1933年，美国就开始实行《购买美国货法案》，并先后于1954年和1962年两次对其进行修订。目前，该法案仍然适用。它要求联邦机构只有在国货投标超出外国投标6%或10%时，方可将其视为不合理或不符合公众利益。

英国限定通信设备和电子计算机要向本国公司采购。日本也有部分中央行政机构规定，政府机构需要的办公设备、汽车、计算机、电缆等不得采购外国产品。

为限制各成员运用歧视性政府采购政策限制进口，关贸总协定在东京回合多边贸易谈判中制定了《政府采购协议》，该协议现已成为世界贸易组织框架下的多边协议之一。

（三）歧视性的国内税

歧视性的国内税（Discriminatory Internal Taxes）是指进口国通过对进口商品征收与国内产品有差别的国内税，增加进口商品成本来阻碍进口。

国内税是一种比关税更灵活、更易于伪装的贸易政策手段。它通常是不受贸易条件或多边协议限制的。国内税的制定和执行属于本国政府机构的权限，有时甚至是地方政府机构的权限。

国内税的目的在于增加进口商品的纳税负担，保护本国产品的竞争力，抵制进口商品的输入。例如，美国、日本和瑞士对进口酒精饮料的消费税都大于本国制品。

国内税在各国有不同的名称，诸如周转税、零售税、消费税、货物税、营业税、销售税等。

相关链接

韩国国内的免税店

韩国国内较大型也比较受消费者认可的免税店有四家，分别是乐天、新罗、AK以及东和免税店。四家免税店的货品售价大同小异，基本一致，但每个时间段的优惠幅度不同，一般折扣在2%—5%，有各家免税店的VIP卡还可以额外享受9.5折的优惠。韩国新罗免税店中除了有各大国际知名化妆品品牌，还有种类齐全的韩国本土品牌，诸如The Face Shop、Skin Food、VOV，很能吸引人的眼球。

（四）最低限价和禁止进口

1.最低限价

最低限价（Minimum Price）又称"保护价"，是指一国政府对某种进口商品规定的最低价格界限，即当进口货物的价格低于规定的最低价格时，则对其征收进口附加税或禁止进口。例如，规定钢材每吨最低限价为320美元，若进口时每吨为300美元，则进口国要征收20美元的附加税，以抵消出口国可能的补贴或倾销。

2.禁止进口

禁止进口（Prohibitive Import）是指一些国家在感到实行进口数量限制已不能走出经

济与贸易困境时，往往颁布法令，公布禁止进口的商品名单，禁止这些商品的进口。例如：世界各国在发现疯牛病病毒之后，均禁止进口病毒发现地出口的牛肉；乳制品中发现"二恶英"后，各国对乳制品也下达了禁止进口的命令。

相关链接

俄罗斯禁止部分机械设备进口

据俄罗斯《消息报》报道，在2015年2月2日召开的俄罗斯政府会议上，俄总理梅德韦杰夫称，已针对禁止进口部分机械设备问题签署专门文件，并将于近期实施。按照即将发布的政府决议，俄罗斯将禁止进口用于国家和市政建设所需的机械设备类商品。

2014年6月，俄政府曾禁止部分汽车技术装备进口。按照俄政府的计划，为了促进进口替代，在对自行生产相关机械设备能力进行评估后，俄决定继续扩大禁止进口的机械设备商品清单，列入清单的商品将包括建筑、市政、矿产勘探等领域的机械设备。

（五）进口押金制

进口押金制（Advanced Deposit System）又称进口存款制、进口保证金，在这种制度下，进口商在进口商品时，必须预先按进口金额的一定比率和规定的时间，在指定的银行无息存入一笔现金，才能进口。这样就增加了进口商的资金负担，影响了资金的周转，从而起到了限制进口的作用。它是为防止投机、限制进口，维持国际收支平衡而采取的一种经济措施。

进口押金制要发挥限制进口的作用，有两个前提条件：

（1）外国出口商不愿融通资金；

（2）利率水平较高。

例如1997年4月21日和5月1日，捷克政府与斯洛伐克政府先后实行进口押金制，规定进口商品要交纳相当于进口货值20%的押金，无息冻结六个月，以此来减少进口和外贸逆差。

（六）专断的海关估价制

海关估价制（Customs Valuation System）是指海关为了征收关税，确定进口商品价格的制度。有些国家根据某些特殊规定，同一种商品可以按不同价格计征关税，选择较高的一种价格作为完税价格以提高应计关税税额，来增加进口商品的关税负担，阻碍商品进口。海关估价制的基本原则是就高不就低，高估进口商品价格。

> **知识窗**
>
> 　　为防止外国商品与美国产品竞争，美国海关当局对煤焦油产品、胶底鞋类、蛤肉罐头、毛手套等商品，依"美国售价制"这种特殊估价标准进行征税。这四种商品都是国内售价很高的商品，按照这种标准征税，使得这些商品的纳税额大幅度提高。

（七）技术性贸易壁垒

技术性贸易壁垒（Technical Barriers to Trade，简称"TBT"）是指一国或地区为了限制商品进口所规定的复杂的技术标准、卫生检疫规定、合格评定程序以及商品包装和标签规定等。

目前阻碍产品和服务贸易的技术贸易壁垒构成不但复杂，而且日益多样化，主要有七大方面：

1.技术法规

技术法规是指规定强制执行的产品特性或其相关工艺和生产方法（包括适用的管理规定）的文件，以及规定适用于产品、工艺或生产方法的专门术语、符号、包装、标志或标签要求的文件。这些文件可以是国家法律、规章，也可以是其他的规范性文件，以及经政府授权由非政府组织制定的技术规范、指南、准则等。

技术法规具有强制性特征，即只有满足技术法规要求的产品方能销售或进出口。凡不符合这一标准的产品，不予进口。

近几年，欧盟、美国等国家（或地区）对玩具安全方面的要求及监管力度不断增加，如《欧盟新玩具安全指令》和美国《消费品安全改进法案》《玩具安全认证程序》等新法规、新标准等的相继出台，对中国玩具出口均产生了不同程度的影响，我国玩具产品被通报的次数明显增多。

2.技术标准

技术标准是有关设备使用工序，工艺执行过程以及产品、劳动、服务质量要求等方面的准则。这些技术规范在法律上被确认后，就成为技术法规。技术标准主要包括产品技术标准、检测标准、管理体系标准。例如，某国颁布技术法规，要求低于某一价格的打火机必须安装防止儿童开启的装置。这种将商品价格和技术标准联系起来的做法缺乏科学性和合理性，从而构成了贸易壁垒。

3.合格评定程序

合格评定程序是指任何用以直接或间接确定是否满足技术法规或标准有关要求的程序，主要包括：抽样、检验和检查程序；符合性评估、验证和合格保证程序；注册、认可和批准程序；以及上述各项程序的综合。合格评定程序可分为认证、认可和相互承认三种形式。认证是指由授权机构出具的证明。认可是指权威机构依据程序确认某一机构或个人从事特定任务或工作的能力。相互承认是指认证或认可机构之间通过签署相互承认协议，彼此承认认证或认可结果。

知识窗

巴西产品认证的管理机构为巴西国家计量、标准化和工业质量协会，简称"INMETRO"。玩具属于巴西强制性产品认证范畴，玩具认证合格后必须有强制性的 INMETRO 标志及加贴经 INMETRO 认可的第三方机构的标志，方可进入巴西市场。此外，含有无线电频装置的玩具，还必须获得巴西国家电信局（ANATEL）的认证。图5-2所示为 INMETRO 的标志，图5-3为经 INMETRO 认可的机构的商标及代码。

图 5-2

图 5-3

4.商品包装和标签：包装限制、标签限制

根据《中华人民共和国食品安全法》第六十六条，进口的预包装食品应当有中文标签、中文说明书。标签、说明书应当符合本法以及我国其他有关法律、行政法规的规定和食品安全国家标准的要求，载明食品的原产地以及境内代理商的名称、地址、联系方式。预包装食品没有中文标签、中文说明书或者标签、说明书不符合本条规定的，不得进口。

以食品包装用油墨为例，国际公认食品印刷所用油墨必须遵守无转移的原则；食品包装物内表面印刷时不得使用常规油墨；承印厂商必须确保印刷后油墨中的溶剂全部挥发，油墨则要求固化彻底，并达到应用行业的相应标准。由此可见，油墨在食品包装印刷中的作用不可小觑。

5.绿色保护壁垒：环保规定、绿色包装、绿色机构标志

关贸总协定乌拉圭回合谈判结束后，发达国家开始采用更为隐蔽的方式实施贸易壁垒。它们借可持续发展之名，利用国际社会对环境保护的广泛关注，一方面加强环保立法，一方面推行绿色贸易壁垒，对发展中国家的出口造成了严重的影响。我国纺织产品受安全、绿色和关税"三重壁垒"的影响，出口频频受挫。例如在2014年1—9月，我国出口纺织服装2218.9亿美元，同比增长5.9%，增幅同比下降6.0个百分点。同期，我国出口纺织服装遭国外退货高达1027批，货值5609.3万美元，同比增长36.2%和69.5%，纺织产业出口风险亟须重视。

6.安全壁垒：国家安全规定、劳动安全和健康

中国入世以来，关税壁垒逐步消失，占有大量外国市场份额的国外制造商以及利益集团在激烈的市场竞争中逐渐丧失了原先的市场份额，面对生存危机，它们对中国的优势行业如农业、纺织业、小家电业等设置起越来越多的"安全壁垒"，使我国企业出口遭受严重影响。

相关链接

中国企业在美屡遭"国家安全" 贸易壁垒侵扰

美国以"国家安全"的名义设限阻碍中国信息技术产品出口和投资的行为绝非偶然。全球金融危机以来，中国华为和中兴在美国就屡遭"国家安全"贸易壁垒的侵扰。

2008年，华为试图收购美国一家电信企业，但最终因美国政府的"国家安全"担忧而被迫放弃。2010年8月，华为向美国电信运营商斯普林特公司供应设备的项目，遭到共和党参议员们的反对，他们致信奥巴马总统及盖特纳财长，要求评估其可能的"国家安全"威胁；同年，华为收购两个美国公司的计划受阻于"国家安全"担忧。2011年，华为收购美国通信技术公司3Leaf的计划也以失败告终。从2011年2月开始，美国国会就针对华为和中兴的产品和服务是否威胁美国的国家通信安全展开调查。2012年9月13日，美国众议院举行听证会，就所谓的"威胁美国国家安全"接受质询。

7.其他

信息技术、计量单位、物品编码、品种、花色、风俗习惯等。

（八）其他壁垒

1.反倾销贸易壁垒

反倾销（Anti-Dumping）是国际上通行的进口国政府对进口的倾销产品依法进行调查并征收反倾销税的一种做法，它是抵制不公平竞争的重要手段。然而，近十多年来，随着欧美等西方发达国家的贸易逆差不断上升，各国用于保护本国工业不受冲击的反倾销手段被频繁使用。据不完全统计，在全球范围内，平均每7起反倾销案中就有1起涉及中国产品，中国一直是遭受反倾销调查最多的国家之一。

早在2011年，巴西就对我国陶瓷卫浴进行了狙击，将进口关税从15%提高至35%。而除了巴西之外，近年来，欧盟、韩国、印尼、阿根廷等地的保护贸易政策也对我国陶瓷卫浴出口形成了多方压制的态势。在一段时间里，欧盟曾对我国瓷砖征收最高达69.7%的反倾销税，而印尼对我国陶瓷餐具征收的反倾销税更是高达87%。

2.社会责任标准贸易壁垒

社会责任标准SA8000产生的背景是20世纪末开始在西方国家企业中流行的企业社会责任运动。这一运动的宗旨是督促企业在经营过程中与其合作伙伴一起承担保护环境和劳工权利的责任，以促进环境与社会的协调发展。

> **知识窗**
>
> SA8000的主要内容包括：（1）企业不应使用或支持使用童工；（2）企业不得使用和支持使用强迫性劳动；（3）企业应提供安全、健康的工作环境；（4）企业应尊重结社自由和集体谈判权；（5）企业不得从事或支持对劳工的各种歧视；（6）企业不得从事或支持对劳工的惩戒性措施；（7）企业应遵守工作时间的规定；（8）企业应保证达到当地的最低工资标准；（9）企业应制定有关社会责任和劳动条件的政策等。

从表面上看，这一认证标准是维护劳工权利的。在发达国家，经过工会组织长期的斗争，实际上这一标准的实施早就不是问题了。但在像我国这样的发展中国家，要达到这样的标准还有不少问题和困难。这样一来，SA8000实际上就变成了专门针对发展中国家的新的贸易壁垒。目前，欧洲在推行SA8000方面走在前列，美国紧随其后。

3.特别保障贸易壁垒

《中国入世议定书》第十六条"特定产品过渡性保障机制"中规定：在中国加入世贸组织后的12年内，如原产于中国的产品在进口至任何世贸组织成员领土时，其增长的数量或依据的条件对生产同类产品或直接竞争产品的国内生产商形成威胁，造成市场扰乱，则受此影响的世贸组织成员可请求与中国进行磋商，以寻求双方满意的解决方法。如磋商一致，则中国应采取行动以防止或补救此种市场扰乱；如磋商未果，则该受影响的世贸组织成员有权在防止或补救此种市场扰乱必要的限度内，对中国产品采取撤消减让或限制进口措施。

中国遭遇的首例特别保障措施调查

陶瓷产业是我国新兴的对外出口产业。据中国海关统计，仅平板陶瓷一项，我国对厄瓜多尔的出口由2003年的424吨增长到2007年的4000吨。随着出口的快速增长，中国的陶瓷产品屡遭各种贸易救济措施调查。

2008年，厄瓜多尔政府启动对我国生产以及源自我国的平板陶瓷和卫生洁具的特别保障调查程序，武汉雅特兴国际贸易有限公司涉案，这是我国遭遇的首例特别保障措施调查。由此，我国国际贸易摩擦条目上又添新例。

4.电子垃圾处理法贸易壁垒

欧盟出台《电子垃圾处理法》，要求电子电器企业负责回收其销售到欧盟市场的废弃电器和电子产品。这一法案的出台使中国家电出口受到影响，中国家电企业向欧盟出口电子产品必须额外支出一笔垃圾回收费用。法令实施之后，中国企业在向欧盟出口此类产品时需要付费给专业的回收公司来处理废弃产品，费用大概是每件产品销售价格的3%—5%，而我国电器出口的平均利润只有5%左右。如果以完全的环保材料替代现有的生产原料，企业的生产成本将至少提升20%。这一项指令的实施将使我国家电对欧盟出口锐减30%。

知识窗

欧盟的《电子垃圾处理法》，是依据2002年欧盟出台的《关于报废电子电器设备指令》（WEEE）和《关于在电子电器设备中禁止使用某些有害物质指令》（ROHS）而来。2004年8月13日，包括新入盟15国在内的欧盟各成员国共同完成了这一立法工作，并确定2005年8月13日正式实施。

该法规定，在2005年8月13日以后，出口商负责回收、处理进入欧盟市场的废弃电器和电子产品，并在2005年8月13日后投放市场的电器和电子产品上加贴回收标识；2006年7月1日以后，投放欧盟市场的电器和电子产品不得含有铅、汞、镉、六价铬、多溴联苯和多溴联苯醚等6种有害物质。

5.非市场经济地位贸易壁垒

在市场经济环境中，一个企业的生产成本和价格是市场竞争的结果。而在非市场经济环境中，一个企业的生产成本和价格若不是根据市场竞争确定，则往往不真实和不可信。因此，要判断非市场经济企业的生产成本和价格，就需要根据条件相似的市场经济国家的企业的成本和价格来进行推断。这种方法从逻辑上讲是合理的，但是在具体运作时，往往被人为操纵和利用。简单地讲，非市场经济的危害主要来源于这样两个随意性：首先是对非市场经济地位的认定的随意性。由谁认定、以什么标准认定都没有规则可寻，也没有透明性可言；其次，在非市场经济地位被认定的情况下，在贸易纠纷譬如确定反倾销和反补贴的贸易摩擦中，选择哪个国家的哪个产业或企业作为"类似的参照"标准也具有很大的随意性。

目前，包括美国、欧盟在内的许多西方国家（或地区）仍没有正式承认中国为市场经济国家，这不仅给我国对外贸易的发展带来了严重影响，也否认了我国建设市场经济的成果和现状，影响了我国的国际形象。

市场经济地位的影响，主要体现在对我国出口产品的反倾销、反补贴调查上。依据世贸组织规定，如果涉案产品出口国属市场经济国家，则按产品生产国的实际成本计算；如果涉案产品出口国不属于市场经济国家，调查方可寻找与出口国经济发展水平相当的国家做替代国，依据替代国同等产品的生产成本计算倾销幅度。美国等发达经济体正是在这样一个细节条款上大做文章，根据"需要"选择的第三国价格自然比我国产品高很多，很多中国企业由此被认定有倾销或补贴行为，不仅败诉率高，而且被裁定的倾销税率更是不可承受之重。比较极端的例子是，20世纪90年代，欧盟对中国彩电进行反倾销调查，选用新加坡作为替代国，而当时新加坡劳动力成本比中国高出20多倍，中国彩电很"顺利"地被裁定存在倾销。

·······○ **思辨提升** ○·······

问 题 目前，进口棉布对我国国产棉布产生了巨大冲击，应采用哪些非关税壁垒措施保护我国国产棉布市场？

分析提示 ①进口配额制，对进口棉布的数量和金额加以限制；②进口许可证制，进口棉布须向本国主管部门提出申请，经审查后，签发许可证方可进口；③技术法规，通过对棉布编织等技术设定特别的要求，致使进口棉布不达标，从而限制棉布的进口。

［知识三］ 非关税壁垒对国际贸易的影响

一、 非关税壁垒对国际贸易发展的影响

一般说来，非关税壁垒对国际贸易发展起着重大的阻碍作用。在其他条件不变的情况下，世界性的非关税壁垒加强的程度与国际贸易增长的速度成反比关系。当非关税壁垒趋于加强时，国际贸易的增长速度将趋于下降；反之，当非关税壁垒趋于缓和或逐渐消除时，国际贸易的增长速度将趋于加快。

在第二次世界大战后的20世纪50年代到70年代初，关税有了大幅度的下降。同时，各发达国家还大幅度地放宽和取消进口数量限制，因而在一定程度上促进了国际贸易的发展。1950年到1973年，世界贸易量平均增长率达到7.2%。相反，在70年代中期后，许多国家采取了形形色色的非关税壁垒措施，影响了国际贸易的发展。从1973年到1979年，世界贸易量年均增长为4.5%，1980年到1985年，更降到3%左右。

二、 非关税壁垒对商品结构和地理方向的影响

非关税壁垒还在一定程度上影响到国际贸易商品结构和地理方向的变化。第二次世界大战后，特别是20世纪70年代中期以来，农产品贸易受到非关税壁垒影响的程度超过了工业制成品。劳动密集型产品贸易受到非关税壁垒影响的程度超过技术密集型产品；同时，发展中国家和地区的对外贸易受发达资本主义国家非关税壁垒影响的程度超过发达资本主义国家本身。这种情况在一定程度上影响了国际贸易商品结构和地理方向的变化，阻碍和损害了发展中国家（社会主义国家）对外贸易的发展。

三、 非关税壁垒对进口国的影响

非关税壁垒和关税壁垒一样，可以限制进口、保护进口国的市场和生产，但也会引

起进口国国内市场价格的上涨。实行进口数量限制等措施导致的价格上涨，成为进口国的同类产品生产重要的"价格保护伞"，在一定条件下可起到保护和促进本国有关产品生产和发展的作用。但是，非关税壁垒的加强使进口国消费者付出了巨大的代价。

四、非关税壁垒对出口国的影响

一般说来，进口国加强非关税壁垒，特别是实行直接的进口数量限制，固定了进口数量，将使出口国的商品出口数量和价格受到严重的影响，造成出口商品增长率下降或出口数量减少、出口价格下跌。通常情况下，发展中国家和地区因非关税壁垒限制而遭受的损失要超过发达资本主义国家。在非关税壁垒加强的情况下，发达资本主义国家之间一方面采取各种措施鼓励商品出口，一方面采取报复性和歧视性的措施限制对方商品的进口，从而进一步加剧了它们之间的贸易摩擦和冲突。

巩固练习
GONG GU LIAN XI

一、单项选择题

1. 进口许可证是一种限制进口的手段，其作用是（　　　）。

    A.只能限制商品价格   B.只能限制商品的数量

    C.只能限制商品的质量规格   D.既可限制进口的数量，又能限制价格

2. 与全球配额的分配方法相匹配的是（　　　）。

    A.按国别地区，不分申请先后分配   B.按申请先后，不分国别地区分配

    C.按经营的企业分配   D.按全球范围内的不同类型国家分配

3. 不属于非关税壁垒措施的有（　　　）。

    A.国内税   B.海关估价制

    C.普惠税   D.外汇管制

4. 下列不属于非关税壁垒措施的特点是（　　　）。

    A.非关税壁垒措施更能直接达到限制进口的目的

    B.非关税壁垒措施比关税壁垒措施具有更大的灵活性和针对性

    C.非关税壁垒措施具有苛刻性

    D.非关税壁垒措施比关税壁垒措施更具有隐蔽性和歧视性

5. 最低限价就是一国政府对某一种（　　　）规定的最低价格。

A.进口商品   B.出口商品

C.服务   D.税收

6.绝对配额与关税配额的区别主要体现在（   ）。

A.对进口数量的控制上   B.对关税的征收上

C.对进口商品价格的控制上   D.对附加税和罚款的处理上

二、简答题

1.简述非关税壁垒的类型。

2.技术性贸易壁垒都包括哪些内容？

3.简述非关税壁垒对国际贸易的影响。

实战演练
SHI ZHAN YAN LIAN >>>

训练内容

① 5—6 人为一组，每组找出一则关于新型贸易壁垒的新闻。

②结合所学内容，试分析新闻，在全班播报并阐述观点。

学习评价
XUE XI PING JIA >>>

利用所学知识完成学习效果评价表，并在对应的评价栏中给予相应评价。

内容	简要介绍	评价				
		很好	好	一般	差	很差
非关税壁垒的特点						
非关税壁垒的主要措施						
非关税壁垒对国际贸易的影响						

项目六
鼓励出口和出口管制方面的措施

学习目标 >>>

◎ **知识目标**

1.掌握鼓励出口的措施，明确这些措施的概念、操作过程及生效的条件；

2.了解促进对外贸易发展的经济特区措施；

3.掌握出口管制方面的措施。

◎ **技能目标**

1.能够在实际外贸环境中，灵活运用鼓励出口方面的措施；

2.理解出口管制的实际意义。

◎ **情感目标**

加深对出口贸易的认识，理解出口管制的必要性及其两面性。

案例导入
AN LI DAO RU >>>

美国放松对印度的高技术出口管制

2018年7月30日，美国商务部长威尔伯·罗斯说，美国已放松对印度出口高技术产品的管制。美方同意把印度列为商务部《战略贸易许可例外规定》认定的第一层级国家，即"最受信任"国家。美方此前把印度列为第二层级国家。

"印度作为美国主要防务伙伴的地位使它成为《战略贸易许可例外规定》认定的第一层级国家，与我们的北大西洋公约组织盟国一样。"罗斯说，"美方这一举措反映了印度遵守多边出口管制原则、完善出口管制体系的努力。"

成为第一层级国家，使印度防务和其他领域高技术产品的供应链更加高效，将惠及过去7年印方合计金额大约97亿美元的订单。另一方面，放松对印出口管制，可使美国企业更有效地向印度高技术和军方客户出口范围更广的产品，美国制造业将从中受益。

美国2011年生效的《战略贸易许可例外规定》对出口目的地的管理层次进行了划分，澳大利亚、日本、韩国等36个国家被列入"最受信任"清单。这些国家进口美国高度管制的产品时可申请"例外许可"。

思考：美国为什么会放松对印度的高技术出口管制，其背后有没有其他更深层次的意图？

［知识一］ 鼓励出口方面的措施

一、出口信贷

（一）出口信贷的概念

出口信贷（Export Credit）是一个国家为了鼓励商品出口，增强商品的竞争能力，通过银行对本国出口厂商或国外进口厂商提供的优惠利率的贷款。它是世界各国为支持和扩大本国的成套设备、船舶、飞机等商品的出口而采取的重要措施。

（二）出口信贷的种类

1.按时间长短划分

（1）短期信贷（Short-term Credit）。主要针对原料、消费品及小型机器设备，时间通常为180天，有的国家规定为一年。

（2）中期信贷（Medium-term Credit）。主要针对中型机器设备，时间通常为1—5年。

（3）长期信贷（Long-term Credit）。主要针对大型成套设备，时间通常为5—10年。

2.按借贷关系划分

（1）卖方信贷（Seller's Credit）。它是指出口商所在国的银行对本国出口商提供的用于支持出口的优惠利率的贷款，使得进口商可以在贸易合同中采用延期付款的方式，达到支持出口的目的。它在出口信贷发展的初期占据主要地位。

一般做法是：在签订出口合同后，进口方支付5%—10%的定金，在分批交货、验收和保证期满时再支付10%—15%的货款，剩余货款则由出口商向出口方银行取得中、长期贷款，以便周转。在进口商按合同规定的延期付款时间付讫余款和利息后，出口商再向出口方银行偿还所借款项和应付的利息。所以，卖方信贷实际上是出口商由出口方银行取得中、长期贷款后，再向进口方提供的一种商业信用。

（2）买方信贷（Buyer's Credit）。它是一国银行为了鼓励本国商品的出口，而向外国进口商或进口方的银行提供的优惠利率的贷款，使得进口商可以用这笔贷款通过支付现汇的方式从贷款国进口商品。它在出口信贷发展成熟时期占据主要地位。

买方信贷主要有两种形式：一是出口方银行将贷款发放给进口方银行，再由进口方银行转贷给进口商；二是由出口方银行直接贷款给进口商，由进口方银行出具担保。

其中，出口方银行直接向进口商提供贷款的具体做法是：出口方银行根据合同规定，凭出口商提供的交货单据，将货款付给出口商，同时记入进口商偿款账户内，然后由进口商按照与银行约定的交款时间，陆续将所借款项偿还出口方银行，并付给利息。所以，买方信贷实际上是一种银行信用。

（三）出口信贷的主要特点

1. 只能用于购买贷款国的产品，要与具体的出口项目相联系。

2. 贷款利率低于国际金融市场贷款的利率，利息差额由贷款国政府补贴。

3. 贷款金额通常只是合同金额的85%左右，其余部分由进口商支付现汇。

4. 出口信贷的发放与出口信贷国家担保制相结合，以避免和减少信贷风险。

相关链接

中国进出口银行与保加利亚 Navibulgar 航运公司签署融资协议

2018年7月6日，在李克强总理和保加利亚总理鲍里索夫的共同见证下，中国进出口银行副行长孙平与保加利亚 Navibulgar 航运公司相关负责人签署了9401.7万美元的融资条件清单协议。协议内容是以独立融资形式为其在我国造船企业购买的6艘4.5万吨节能环保型散货船提供融资支持，这也将带动我国1.3亿美元的船舶出口。

协议的成功签署是进出口银行推动落实国家"一带一路"倡议的又一重要举

措，也是进出口银行与中东欧国家相关企业在"16+1"合作框架下合作取得的重要成果。同时，此次协议不仅有助于吸引更多中东欧地区船东向我国造船企业订造新船，更有助于促进中保两国经贸合作不断向前发展。

二、出口信贷国家担保制

（一）出口信贷国家担保制的概念

出口信贷国家担保制（Export Credit Guarantee System）是指一国政府设立专门机构，对本国出口商和商业银行向国外进口商或银行提供的延期付款商业信用或银行信贷进行担保，当国外债务人不能按期付款时，由这个专门机构按承保金额给予补偿。这是国家用承担出口风险的方法，鼓励扩大商品出口和争夺海外市场的一种措施。

（二）出口信贷国家担保的主要内容

1.担保项目与金额

出口信贷国家担保的业务项目，一般都是商业保险公司不愿承保的出口风险；通常商业保险公司不承保的项目，都可向担保机构投保。出口信贷国家担保的项目主要有两类：

（1）政治风险担保。该担保主要是针对由于进口国发生政变、战争以及因特殊原因政府采取禁运、冻结资金、限制对外支付等政治原因造成的损失，承保金额一般为贸易合同金额的85%至95%。

（2）经济风险担保。该担保主要是针对由于进口商或借款银行破产无力偿还、货币贬值或通货膨胀等原因所造成的损失，承保金额一般为贸易合同金额的70%至80%。

出口信贷国家担保制是一种国家出面担保海外风险的保险制度，收取费用一般不高，随着出口信贷业务的扩大，国家担保制也日益加强。英国的出口信贷担保署、法国的对外贸易保险公司等都是这种专门机构。

知识窗

为了支持企业出口和对外投资，法国政府通过法国对外贸易保险公司（COFACE）向本国企业提供特殊的保险服务，即出口信用保险。该公司的主要业务包括：市场开拓保险、欧盟以外国家和地区短期出口信用政治险、中长期出口信贷保险、大项目的汇率变动险、对外投资险（包括政治风险和经济风险）等。

2.担保对象

（1）对出口厂商的担保。出口厂商在输出商品时提供的短期信贷或中、长期信贷可向国家担保机构申请担保。担保机构并没有向出口厂商提供出口信贷，但它可以为出口厂商取得出口信贷提供有利条件。当国外债务人不能按期付款时，由担保机构给予出口厂商相应补偿，有效激发了企业出口的积极性。

（2）对银行的直接担保。一般说来，只要出口国银行提供了出口信贷，都可以向国家担保机构申请担保。这种担保是担保机构直接对供款银行承担的一种责任。有些国家的担保待遇很优惠。

3.担保期限与费用

出口信贷国家担保的期限可分为短期、中期和长期。短期一般是6个月左右，中长期担保时限从2年到15年不等。短期担保适用于出口商所有的短期信贷交易。为了简化手续，有些国家对短期信贷采用"综合担保"方式，出口商一年只需办理一次投保，即可承保这一年中对海外的一切短期信贷交易。中长期信贷担保适用于大型成套设备、船舶等资本性货物出口及工程技术承包服务输出等方面的中长期出口信贷。这种担保由于金额大，时间长，一般采用"逐笔审批的特殊担保"方式。

4.担保特点

（1）担保项目风险大，其担保的项目往往是商业保险公司不愿意担保的；

（2）申请的手续简便；

（3）所花费的保险费用较低；

（4）担保金额大。

三、商品倾销

（一）商品倾销的概念

商品倾销（Dumping）是指出口厂商以低于正常价值的出口价格，集中或持续大量地抛售商品，以打击竞争者，占领市场。它是资本主义国家常用的行之已久的扩大出口的有力措施。商品倾销通常由私人大企业进行，但随着国家垄断资本主义的发展，一些国家开始设立专门机构，直接对外进行商品倾销。

（二）商品倾销的构成要件

1.产品以低于正常价值或公平价值的价格销售。

2.这种低价销售的行为给进口国产业造成损害，包括实质性损害、实质性威胁和实质性阻碍。

3.损害是由低价销售造成的，两者之间存在因果关系。

（三）商品倾销的种类

按照倾销的具体目的和时间的不同，商品倾销可分为以下几种：

1.偶然性倾销

偶然性倾销（Sporadic Dumping）通常指因为本国市场销售旺季已过，或公司改营其他业务，企业把在国内市场上很难售出的积压库存，以较低的价格在国外市场上抛售。由于此类倾销持续时间短、数量小，对进口国的同类产业没有特别大的不利影响，进口国消费者反而可以从中受益，获得廉价商品，因此，进口国对这种偶发性倾销一般不会采取反倾销措施。

2.间歇性或掠夺性倾销

间歇性或掠夺性倾销（Intermittent or Predatory Dumping）是指以低于国内价格或成本价格的出口价格在国外市场销售商品，以达到打击竞争对手，占领、垄断和掠夺国外市场，获取高额利润的目的。待击败所有或大部分竞争对手之后，再利用垄断力量抬高价格，以获取高额垄断利润。这种倾销违背公平竞争原则，破坏国际经贸秩序，故为各国反倾销法所限制。

3.长期性倾销

长期性倾销（Long-run Dumping）又称持续性倾销，是指在较长时期内以低于国内市场价格的出口价格在国外市场销售商品，打击竞争对手，以占领并垄断市场。

> **知识窗**
>
> 间接倾销通常也称第三国倾销，是指甲国的产品倾销至乙国，再由乙国锡往丙国，并对丙国的有关产业造成损害。在这种情况下，虽然乙国的出口商并没有实施实际倾销行为，但丙国相似产品生产商可依反倾销法，申请对乙国的生产商和出口商进行反倾销调查，也可要求乙国对甲国的产品采取反倾销措施。至于乙国当局是否会根据丙国的请求对甲国的倾销产品采取反倾销措施，往往取决于乙国与丙国的政治与贸易关系。
>
> 社会倾销最初是指出口利用犯人生产的廉价产品，现已扩大到计算生产成本时所必须考虑的其他因素。发展中国家由于廉价劳动力和生产环境的低标准等种种因素，其出口商品在国际市场和国内市场上的价格都比较低，因此不能按现有的法律定义确定其倾销。但由于这些廉价出口商品对发达国家的市场造成冲击，因此，发达国家特别是欧盟的贸易保护主义者，一直在呼吁制止这种所谓的社会倾销。

倾销是一种人为的低价销售措施，销售的动机是各种各样的，有的是为了销售过剩产品，有的是为了争夺国外市场、扩大出口，但只要对进口国某一工业的建立和发展造成实质性的损害、威胁或阻碍，就会招致反倾销措施的惩罚。

为了达到倾销目的，出口厂商应在本国国内市场处于垄断地位，出口国应设法使倾销的商品不再返销国内市场，并设法免受进口国反倾销措施的报复。

（四）目前国际上对倾销的态度

倾销给正常的国际贸易关系带来的危害是不可小视的，各国都通过制定反倾销法抑制和对抗倾销行为。反倾销制度也是世贸组织确立的仅有的几个合法的、可单边采取的保障制度之一。然而，各国在其经济发展到一定规模后，往往都会从本国的利益出发，一边支持本国产品打入国际市场，一边又尽可能地限制他国商品在本国销售，以保护本国相同产业的建立和发展。因此，在国际贸易中，反倾销常常包含维护国际贸易的正常秩序和国内贸易保护主义两方面的因素。特别是历次关贸总协定多边贸易谈判迫使各国关税水平大幅度下降，为了保护国内产业，反倾销这一为世贸组织所允许的措施便堂而皇之地成为保护本国市场、阻止外国产品进入本国市场的合法而有效的手段，成为当今国际贸易中最主要的非关税贸易壁垒。但是，不当的反倾销措施无论对被调查的出口国还是对进口国都有消极影响。对被调查的出口国来说，不当的反倾销措施阻碍了其正常的对外贸易，并会累及其国内经济的发展；对进口国来说，一旦其某一特定产业由于反倾销措施的采用而被置于特殊保护之下并进而脱离正常的市场竞争，不可避免地会对其国内竞争性市场造成一定程度的扭曲，影响资源的有效配置，导致产业间发展失衡。由此可见，各国都有义务避免反倾销措施的滥用，严格、合理、规范地启动反倾销机制，防止将反倾销作为贸易保护的盾牌，甚至是贸易报复的手段。否则，反倾销同样也会给正常的国际贸易秩序带来极大的负面影响，阻碍国际贸易的发展。

相关链接

被算出来的反倾销

2012年2月，欧盟对华日用陶瓷发起反倾销调查。同年11月，反倾销调查作出初裁：没有一家中国企业获得市场经济地位，1500家中国陶瓷企业被征收临时税率为17.6%—58.8%的反倾销税，实行期限为6个月。而在正常情况下，欧盟对从中国进口的日用陶瓷产品征收的关税仅在13%左右。2013年2月底，欧盟宣布对华陶瓷反倾销案初裁修改结果，临时性关税由17.6%—58.8%下调为13.1%—

36.1%，平均税率为26.6%。这意味着，大部分中国企业除缴纳13%的正常关税外，还需再缴纳26.6%的税费。中国轻工工艺品进出口商会法律服务部副主任王健指出，中国输欧陶瓷不存在倾销行为，倾销是被算出来的。

因为未被承认市场经济地位，中国企业的反倾销税是依据替代国类似商品价格计算出来的。王健指出：通过替代国类似产品价格来测算，本身科学性就存在问题。俄罗斯的原材料和人工成本是中国的几倍，以俄罗斯为替代国显然对中国不利。

专家介绍，中国轻工工艺品进出口商会和中国企业几经努力，最终使欧盟选择巴西作为替代国。此外，欧盟销售商和欧盟国家商会的支持，也为中企应诉加分不少。

我国陶瓷企业关心案件的得失，但对国家和行业而言，更希望市场经济地位问题得到解决。

四、外汇倾销

（一）外汇倾销的概念

外汇倾销（Exchange Dumping）是指出口企业利用本国货币对外贬值的机会，降低用外国货币表示的本国商品的价格，以达到扩大本国商品出口的目的。

一国的货币贬值即汇率下跌后，出口商品用外国货币表示的价格降低，这就提高了该国商品的价格竞争力，从而有利于扩大出口。而同时，进入该国的外国商品以该国货币表示的商品价格上涨，削弱了该外国商品的价格竞争力，从而又会限制其进口。因此，实行外汇倾销可以起到扩大出口和限制进口的双重作用。

如1987年6月至1994年6月，美元与日元的比价由1美元=150日元下跌到1美元=100日元，美元贬值了33.3%。假定一件在美国售价为100美元的商品出口到日本，按过去汇率折算，在日本市场售价为15000日元，而美元贬值后售价为10000日元。这时候出口商有三种均对自身有利的选择：（1）把价格降至10000日元，增强出口商品价格上的优势，在保持收益不变的情况下大大增加出口额。（2）继续按15000日元的价格在日本市场出售该商品，按新汇率计算，每件商品可多收入5000日元（合50美元）的外汇倾销利润，出口额不变。（3）在10000—15000日元间酌量减价，既有一定的倾销利润，又可扩大出口额。

（二）外汇倾销生效的条件

外汇倾销不能无限制和无条件地进行，只有在具备以下条件时，外汇倾销才可起到

扩大出口的作用。

1.货币贬值的程度大于国内物价上涨的程度。一国货币的对外贬值必然会引起货币对内也贬值，从而导致国内物价上涨。当国内物价上涨的程度赶上或超过货币贬值的程度时，出口商品的外销价格就会回升到甚至超过原先的价格，即货币贬值前的价格，因而使外汇倾销不能实行。

2.其他国家不同时实行同等程度的货币贬值。当一国货币对外实行贬值时，如果其他国家也实行同等程度的货币贬值，这就会使两国货币之间的汇率保持不变，从而使出口商品的外销价格也保持不变，以致外汇倾销不能实现。

3.其他国家不同时采取另外的报复性措施。如果外国采取提高关税等报复性措施，那也会提高出口商品在国外市场的价格，从而抵销外汇倾销的作用。

相关链接

2014年日元贬值不休，海外游客赚到了！

2014年12月19日亚市午盘，美元/日元在119.00一线附近徘徊。虽然此前几个交易日美元/日元自121.85高点回撤，并多个交易日以阴线收跌，但本周再度自115.57低位开始反弹，汇价涨势似乎势不可挡，在消极了几个交易日后，目前已重拾一些上涨动能。

经过2014年上半年几个月的温和波动后，7月份开始，美元/日元一路飙升，且目前已经连续5个月以阳线大幅收涨，本月再度刷新121.85高位。

日元的持续贬值，令日本海外游客及留学生等从中受益，他们从日元贬值中获得了莫大的实惠，赴日旅游者趋之若鹜。

知名外媒的报道也指出，新加坡人Lee San Duo为享受日元贬值带来的实惠，在最后一刻预定了去日本旅游，其选择的出行时机无可挑剔！因在其启程前一天，日元兑坡元汇率水平创下纪录新低。

同时外媒报道，29岁身为销售主管的Lee，在游览位于日本海海岸历史名镇金泽时声称，"这里的东西比较便宜，我花的钱也更多。因日元疲软，我可以囤自己最喜爱的博柏利衬衫和其他'昂贵的'产品"。

外媒报道，日本政府公布的数据显示，2014年前10个月，访问日本的海外游客达1100万人次，创下历史新高，相比2013年同期增长27%。旅游业火爆可能意味着日元汇率下降开始为日本经济带来支持。

五、出口补贴

（一）出口补贴的概念

出口补贴（Export Subsidies）又称出口津贴，是一国政府为了降低出口商品的价格，加强其在国外市场上的竞争能力，在出口某种商品时给予出口厂商的现金补贴或财政上的优惠待遇。

（二）出口补贴的方式

1.直接补贴

直接补贴（Direct Subsidies）是指政府在商品出口时，直接付给出口商的现金补贴。其目的是弥补出口商品的国际市场价格低于国内市场价格所带来的损失。有时候，补贴金额还可能大大超过实际的差价，这已包含出口奖励的意味。这种补贴方式以欧盟对农产品的出口补贴最为典型。

2.间接补贴

间接补贴（Indirect Subsidies）是指政府对某些出口商品给予的财政上的优惠。如退还或减免出口商品所缴纳的销售税、消费税、增值税、所得税等国内税，对进口原料或半制成品加工再出口给予暂时免税优惠或退还已缴纳的进口税，免征出口税，对企业开拓出口市场提供补贴等。其目的仍然在于降低商品成本，提高国际竞争力。

（三）禁止使用出口补贴的情况

世界贸易组织中的《补贴与反补贴协议》将出口补贴分为禁止性补贴、可申诉补贴和不可申诉补贴三种。禁止性补贴是指不允许成员政府实施的补贴，如果实施，有关利益方可以采取反补贴措施；可申诉补贴是指一成员所使用的各种补贴如果对其他成员国内的工业造成损害，或者使其他成员利益受损，该补贴行为可被诉诸争端解决；不可申诉补贴是指对国际贸易影响不大，不可被诉诸争端解决的补贴，但实施这种补贴需要及时通知相关成员。实施不可申诉补贴的主要目的是对某些地区的发展给予支持，或对研究与开发、环境保护及就业调整提供援助等。

六、鼓励出口的其他措施

（一）设立专门组织

由国家设立专门机构进行社会及经济调查，为政府提供有关信息，帮助制定鼓励出口的各项措施和政策。

> **知识窗**
>
> 中国国际贸易促进委员会简称"中国贸促会"，英文名称为China Council for the Promotion of International Trade，英文简称"CCPIT"。
>
> 中国贸促会的宗旨是：根据中华人民共和国的法律、法规，参照国际惯例，开展促进中国与世界各国、各地区之间的贸易、投资和经济技术合作活动，增进中国人民同世界各国、各地区人民和经济贸易界的相互了解与友谊，维护中国公民、法人在海外的正当权益。

（二）组织贸易中心和贸易展览会

贸易中心是永久性的设施，可以提供陈列展览场所、办公地点和咨询服务等。贸易展览会是流动性的展出，许多国家都十分重视这项工作。有些国家一年组织12—20次国外展出，费用由政府补贴。

> **知识窗**
>
> 中国进出口商品交易会（The China Import and Export Fair）即广州交易会，简称"广交会"，英文名为Canton fair。创办于1957年春季，每年春秋两季在广州举办，是中国目前历史最长、层次最高、规模最大、商品种类最全、到会客商最多、成交效果最好的综合性国际贸易盛会。自2007年4月第101届起，广交会由中国出口商品交易会更名为中国进出口商品交易会，由单一出口平台变为进出口双向交易平台。
>
> 截止到2018年初，广交会已有49个交易团，有数千家资信良好、实力雄厚的外贸公司、生产企业、科研院所、外商投资/独资企业、私营企业参展。

（三）组织出口商的评奖活动

第二次世界大战结束后，各国对出口商给予精神奖励的做法日益盛行，经常组织出口商的评奖活动，对出口成绩显著的出口商，由国家授予奖章和奖状，并通过授奖活动宣传他们扩大出口的经验。如日本政府把每年的6月28日定为贸易纪念日，每年的这一天，由通产大臣向出口成绩卓著的厂商颁发奖状，另外还采取由首相亲自写感谢信的办法表彰出口成绩卓越的厂商。

除以上三种外，还有建立商业情报网、组织贸易代表团出访和接待来访，以及外汇分红、出口奖励政策、复汇率制、进出口连锁制等有效措施，都可起到促进出口的效果。

······○ **思 辨 提 升** ○······

问 题　商品倾销、出口补贴与反倾销税、反补贴税存在怎样的相互关系？

分析提示　　一个国家对商品加以倾销，才会导致另一个国家征收反倾销税。一个国家对出口商品加以补贴，才会导致另一个国家征收反补贴税。

［知识二］ 促进对外贸易发展的经济特区措施

一、经济特区的概念和发展历史

（一）经济特区的概念

经济特区（Economic Special Zone）是指一个国家或地区在其关境以外划出的一定范围内，建筑或扩建码头、仓库、厂房等基础设施，实行免除关税等优惠待遇，吸引外国企业从事贸易与出口加工工业等业务活动的区域。

（二）经济特区的发展历史

经济特区的发展有很长的历史，其中最早的是意大利于1547年在里窝那湾创设的免税自由港。之后，许多国家纷纷仿效。但自由港与当代经济特区还不完全相同。第一次世界大战后，各种类型的经济特区在中南美、非洲、中东、南亚等地纷纷成立，到第二次世界大战爆发前，世界上已有26个国家设立了75个以自由贸易为主的经济特区。第二次世界大战结束后，新独立国家相继成立，它们也纷纷建立起以利用外资发展加工出口为主的经济特区。在1980年，世界上各种特区已发展到350多个，分布在75个国家，其类型日益增多，业务范围日益扩大，而且第一代出口加工区已开始从劳动密集型工业转向资本和技术密集型工业。

二、经济特区的主要种类

经济特区的主要形式有自由港、自由贸易区、保税区、出口加工区、自由边境区、

过境区、科学工业园区和综合型经济特区等。现在主要介绍以下几种：

（一）自由港或自由贸易区

自由港（Free Port）也称为自由口岸。自由贸易区（Free Trade Zone）也称为对外贸易区、自由区、工商业自由贸易区等。

无论是自由港还是自由贸易区，都划在关境以外，对进出口商品全部或大部分免征关税，并准许在港内或区内开展商品自有储存、展览、拆散、改装、重新包装、整理、加工和制造等业务活动，以利于本地区经济和对外贸易的发展，增加财政收入和外汇收入。

目前世界上有600多个自由贸易港，荷兰、美国、新加坡、日本、韩国、中国香港等国家和地区，都有自由贸易港或类似的贸易经济区，这些自由港和自由贸易区现成为主导国际间贸易的枢纽、集散地和交易中心。世界著名的自由港有香港、新加坡、亚丁、贝鲁特、汉堡、巴拿马等20多个。

（二）保税区

保税区（Bonded Area）也称保税仓库区，级别低于综合保税区。这是一国海关设置的或经海关批准注册、受海关监督和管理的可以较长时间存储商品的区域。外国商品存入保税区内，可以暂时不缴纳进口税；如再出口，不缴纳出口税；如要运进所在国的国内市场，则需办理报关手续，缴纳进口税。运入保税区的外国商品可储存、改装、展览、加工制造等。此外，有的保税区还允许在区内经营金融、保险、房地产和旅游业务等。

> **知识窗**
>
> 青岛保税区于1992年11月19日经国务院批准成立，地处风光秀丽的沿海开放城市青岛市，1993年3月28日经国家海关总署验收正式开关运营。青岛保税区具有"境内关外"特性，是实行"免证、免税、保税"等特殊政策的自由贸易区，也是当时山东省及黄河流域唯一的保税区。
>
> 参照国际上自由贸易区惯例，国家和地方政府在海关、外汇、外贸、税收、行政等方面赋予青岛保税区一系列特殊优惠政策，具有国际贸易、进出口加工、保税仓储、物流分拨、商品展示等特殊功能，是目前中国大陆对外经济开放度最大、运作最灵活、政策最优惠的特殊经济区域之一。

（三）出口加工区

出口加工区（Export Processing Zone）是国家划定或开辟的专门制造、加工、装配出口商品的特殊工业区，是经济特区的一种，常享受减免各种地方税的优惠。出口加工区一般选在经济相对发达、交通运输和对外贸易方便、劳动力资源充足、城市发展基础较好的地区，多设于沿海港口或国家边境附近。

设立出口加工区的目的在于吸引外国投资，引进先进技术和设备，促进本地区生产技术和经济的发展，提高加工工业和加工出口的效益，增加外汇收入。世界上第一个出口加工区是1956年建立于爱尔兰的香农国际机场。

出口加工区脱胎于自由港或自由贸易区，采用了自由港或自由贸易区的一些做法，但又有所不同。自由港或自由贸易区以发展转口贸易、取得商业方面的收益为主，是面向商业的；而出口加工区以发展出口加工工业、取得工业方面的收益为主，是面向工业的。

［知识三］ 出口管制方面的措施

一、出口管制的含义

出口管制（Export Control）是指国家通过法令和行政措施对本国出口贸易所实行的管理与控制。许多国家特别是发达国家，为了达到一定的政治、军事和经济目的，往往对某些商品尤其是战略物资与技术产品实行管制、限制或禁止出口。

二、出口管制的原因

出口管制通常是发达资本主义国家实行贸易歧视政策的重要手段，采取出口管制的原因可分为以下方面：

1.经济原因

从短期看，主要是对国内生产所需的原材料、中间产品等实行管制，以满足国内生产的需要。此外，对国内市场需求较大的消费品也实行出口管制，以满足国内消费的需要。从长期看，主要是对先进技术、先进的资本货物管制出口，其目的是确保本国在特定领域中的领先地位。

2.政治原因

一些国家出于政治上的考虑，对于出口到社会主义国家的产品进行严格的管理和控制。

3.历史文化原因

主要是对某些古董文物和某些艺术品实行出口管制。

发展中国家有时也实行出口管制政策，主要是经济原因。例如对国内供不应求的生活必需品实行出口管制，以满足国内人民的消费需要，保持社会稳定。

德国首次检查出口武器实施装运后管制效果

德国政府早前曾对出口武器实施装运后管制。据德国《时代周报》网站2017年8月30日消息，德国联邦经济与出口管制局日前首次对武器出口现场管制进行检查，检查结果良好。报道称，德国联邦经济与出口管制局此举旨在改善对武器出口的监管，避免出口武器被恐怖组织与极端政权利用。

在2015年，德国联邦议会通过决议，批准德国对武器出口实施装运后管制。未来德国对"第三国"出口武器，如机枪和其他特定枪械需要在接收国实施现场管制，即装运后管制。

报道称，此举只针对除欧盟和北约国家以外的"第三国"。只有收货人在接受武器管制前提下，联邦经济与出口管理局才会批准其武器出口申请。德国联邦经济与能源部国务秘书马蒂亚斯·马赫尼希表示，德国是欧盟国家中第一个对武器出口实施管制的国家。德国政府已经制定了一系列严格规定用于出口武器管制。

三、出口管制的商品

1.战略物资及其有关先进技术资料。主要集中在军事设备、武器、军舰、飞机、先进的电子计算机和通信设备、先进的机器设备及其技术资料等。对这类商品实行出口管制，主要是从"国家安全"和"军事防务"的需要出发，以及从保持科技领先地位和经济优势的需要考虑。

2.国内生产和生活紧缺的物资。目的是保证国内生产和生活需要，抑制国内该商品价格上涨，稳定国内市场。如西方各国往往对石油、煤炭等能源商品实行出口管制。

3.需要"自动"限制出口的商品。这是为了缓和与进口国的贸易摩擦，在进口国的要求下或迫于对方的压力，不得不对某些具有很强国际竞争力的商品实行出口管制。

4.实行出口许可证制的商品。主要是为了有计划地安排生产和统一对外出口。如我国的玉米、原油、稀土、重水、电扇等。

5.历史文物和艺术珍品。这是出于保护本国文化艺术遗产和弘扬民族精神的需要而采取的出口管制措施。

6.为了采取经济制裁而对某国或地区限制甚至禁止出口的商品。

四、出口管制的形式

（一）单边出口管制

单边出口管制是指一国根据本国的出口管制法律，设立专门的执行机构，独立地对本国某些商品的出口进行审批和颁发出口许可证，实行出口管制。单边出口管制完全由一国自主决定，不对他国承担义务与责任。例如，美国的出口管制就是由总统指令美国商务部执行，商务部设立贸易管制局专门办理出口管制商品方面的具体事务。

（二）多边出口管制

多边出口管制是指几个国家的政府，通过一定的方式建立国际性的多边出口管制机构，商讨和编制多边出口管制的清单，规定出口管制的办法，以协调彼此的出口管制政策与措施，达到共同的政治与经济目的。

知识窗

1949年11月成立的输出管制统筹委员会即巴黎统筹委员会，也叫巴统组织，是一个典型的国际性的多边出口管制机构，其目的是建立对社会主义国家实行出口管制的国际网络，共同防止战略物资和技术输往社会主义国家，从而遏制社会主义的发展。该机构于1994年3月31日宣布解散。

（三）出口管制的作用

出口管制的方法很多，包括征收出口关税、发放出口配额许可证等。出口管制的实施，在很多方面发挥着重要作用：

1.保护国内制造业的原料供应，防止因出口过多而影响本国经济发展。

2.保护国内市场价格平稳，避免国外的过度需求而引发国内通货膨胀。

3.保护技术和高技术产业，避免国外竞争对手利用本国技术壮大经济实力，这很大程度上是针对技术水平较低的国家。

4.保护和推动国内市场的制成品出口，因为限制出口会相应增加管制商品的国内供给，并使其价格下降，原料价格下降可以降低生产成本并推动制成品出口。

5.保护国内资源，防止一些自然资源的枯竭。

6.保护具有经济和文化双重价值的珍贵工艺品、古董以及文化遗产不外流，用"出口管制"的办法来达到弘扬民族文化的目的。

7.对某些国家实行歧视，控制某些商品或全部商品不向敌对国或不友好国家出口，遏制这些国家的生存和发展。发达国家常用"出口管制"这种经济手段迫使他国改变对内对外的政策，干涉他国内政。

8.在战争时期，以封锁和禁止商品出运作为在政治上、经济上打击对手的一种手段。

○ **思辨提升** ○

问题 美国出口管制新增44家中国企业，军民两用科技是重点领域，为什么美国会这么做？

分析提示 国家安全是美国出口管制最高优先级，任何理由都要为其让路，出口管制正是美国实现这一目的的重要手段。美国对中国高科技企业进行制裁或出口管制的实质是技术封锁。

巩固练习
GONG GU LIAN XI

一、单项选择题

1.下列适合中期出口信贷的商品是（　　）。
A.原料　　　　　　　　　　B.中型机器设备
C.大型成套设备　　　　　　D.游船

2.出口方银行向本国出口厂商提供的贷款，这叫做（　　）。
A.买方信贷　　　　　　　　B.卖方信贷
C.短期信贷　　　　　　　　D.长期信贷

3.出口企业利用本国货币对外贬值的机会争夺国外市场，这种措施叫做（　　）。
A.商品倾销　　　　　　　　B.外汇倾销
C.出口信贷　　　　　　　　D.出口信贷国家担保

4.一个国家为了鼓励出口，增强商品的竞争力，通过银行对本国出口厂商或国外进口厂商提供的贷款，这叫做（　　）。

A.商品倾销   B.出口信贷

C.出口信贷国家担保制   D.买方信贷

5.发展中国家有时也实行出口管制政策,这主要是出于(　　　　)。

A.政治原因   B.军事原因

C.经济原因   D.地理原因

6.一国根据本国的出口管制法案,设立专门的执行机构,对本国某些商品出口进行审批和颁发出口许可证,实行出口管制,这种管制叫做(　　　　)。

A.单边出口管制   B.双边出口管制

C.多边出口管制   D.国别出口管制

7.一般国家对短期信贷采用(　　　　)的方式。

A.逐笔审批担保   B.逐笔审批的特殊担保

C.综合担保   D.综合的特殊担保

8.政府对某些出口商品给予财政上的优惠,这属于出口补贴中的(　　　　)。

A.直接补贴   B.间接补贴

C.现金补贴   D.优惠补贴

二、简答题

1.简述出口信贷的含义、种类及特点。

2.简述商品倾销的定义及分类。

3.试述外汇倾销的含义及条件。

4.经济特区的种类有哪些?

5.鼓励出口的措施有哪些?

实战演练
SHI ZHAN YAN LIAN >>>

训练内容

①6—7人为小组组建一个公司并命名,投票选举出总经理一名。

②每个公司任意选择一种商品,采用所学的鼓励出口的措施,制定针对该商品合理且有效的出口计划。

提示

所选取的商品应该在国际贸易中比较有代表性,其进出口属常态化行为。

利用所学知识完成学习效果评价表，并在对应的评价栏中给予相应评价。

内容	简要介绍	评价				
		很好	好	一般	差	很差
鼓励出口的措施						
经济特区的相关知识						
出口管制的相关内容						

项目七
贸易条约和协定与世界贸易组织

案例导入
AN LI DAO RU

跨国零售企业助力中国零售业转型升级

中国入世十几年来，沃尔玛、家乐福等跨国零售企业相继进驻中国，其经营理念、运营模式、管理方式深刻影响了中国消费者，同时刺激了本土零售企业加入竞争、应对挑战。

自入世第一天起，中国率先在零售服务业履行部分条款，扩大开放，减少限制。按

照相关规定，中外合资企业可在深圳、珠海、汕头、厦门、海南5个经济特区以及北京、上海、天津、广州、大连、青岛、郑州、武汉成立，这极大促进了外资零售商业的发展。截至2011年12月，零售业巨头沃尔玛已在中国21个省的133个城市开设了358家商场，其中80%的商场地处中国一线城市之外的其他城市。

为迎合中国消费者的需求，沃尔玛提出"价格领导力"策略，与中国近2万家供应商建立起合作关系，卖场中的本地商品超过95%；并通过农超对接、环保包装项目削减供应链开销，降低产品价格。

早在数年前，沃尔玛在中国市场的销售额即已占到沃尔玛国际业务总销售额的10%，中国早已成为其发展潜力巨大的重要市场。家乐福则在过去十几年间，把商品种类从3万余种增加到8万余种。

外资超市规模大、产品也更加国际化，管理、服务比中国本土超市略胜一筹，除商品种类、价格等因素外，出色的服务质量、先进的管理理念也是外资零售商获得中国消费者青睐的重要因素。外资大超市的进驻使"超市"的理念在中国获得普及，也迫使国内零售商加入竞争，提升商品质量和服务水平。

在专家看来，加入世贸组织对于中国零售业是把双刃剑，优胜劣汰、适者生存的市场规则能使中国零售业快速成熟和发展起来。入世后，外资零售商在带来竞争的同时，也带来了新的管理理念、经营机制、服务方式。入世使中国零售业有了更多学习借鉴和实战的机会，可以促进中国零售业的发展。

思考：你能感受到身边哪些入世带来的变化？跨国公司与本土企业相比，有什么不同？

［知识一］ 贸易条约和协定

一、贸易条约和协定的含义及分类

（一）贸易条约和协定的含义

贸易条约和协定（Commercial Treaties and Agreements）是两个或两个以上的主权国家为确定彼此间的经济关系特别是贸易关系所缔结的书面协议。

（二）贸易条约和协定的分类

贸易条约和协定按照参加国的多少，可分为双边贸易条约和协定以及多边贸易条约和协定。前者是两个主权国家之间所缔结的贸易条约和协定，如通商航海条约、贸易协定等；后者是两个以上主权国家共同缔结的贸易条约和协定，如国际商品协定、关税与贸易总协定等。

二、贸易条约和协定的种类

（一）通商航海条约

通商航海条约（Treaty of Commerce and Navigation）又称通商条约、友好通商条约，它是全面规定两国间经济和贸易关系的条约。其内容比较广泛，常涉及缔约国之间经济和贸易关系的各方面问题，如关税的征收、海关手续、船舶航行、铁路运输和转口等。通商航海条约一般由国家首脑或其特派的全权代表来签订，并经由国家的立法机关讨论通过，最高权力机关批准才能生效，条约的有效期限较长。

（二）贸易协定和贸易议定书

1.贸易协定

贸易协定（Trade Agreement）是缔约国间为调整和发展彼此的贸易关系而订立的书面协议。其内容一般包括进出口商品货单和进出口贸易额、优惠关税的规定等。它对缔约国之间的贸易关系规定得比较具体，有效期一般较短，签订的程序也较简单，一般只需经签字国的行政首脑或其代表签署即可生效。

相关链接

中华人民共和国政府和新西兰政府自由贸易协定（目录节选）

目录

序言

第一章　初始条款

第二章　总定义

第三章　货物贸易

第四章　原产地规则及操作程序

第五章　海关程序与合作

第六章　贸易救济

第七章　卫生与植物卫生措施

第八章　技术性贸易壁垒

2.贸易议定书

贸易议定书（Trade Protocol）是指缔约国就发展贸易关系中某项具体问题所达成的书面协议，它一般是作为贸易协定的补充、解释或修改内容而签订的。

贸易议定书的签订程序和内容比贸易协定更为简单，一般经由签字国有关行政部门的代表签署即可生效。

（三）支付协定

支付协定（Payment Agreement）是两国间关于贸易和其他方面债权、债务结算办法的书面协议。

支付协定是外汇管制的产物。在实行外汇管制的条件下，一种货币不能自由兑换成另一种货币，对一国所拥有的债权不能用来抵偿第三国的债务，结算只能在双边基础上进行。因此，就需要通过缔结支付协定的办法来解决两国间的债权和债务问题。

1929—1933年世界经济危机发生后，签订支付协定的国家日益增多，其中绝大部分是双边支付协定。但自1958年以来，发达资本主义国家相继实行货币自由兑换，放宽外汇管制，双边支付清算逐渐被多边支付清算代替，如欧洲支付同盟等。至于一些仍然实行外汇管制的发展中国家，有时还需要用支付协定来清算对外债权和债务。

（四）国际商品协定

国际商品协定（International Commodity Agreement）是指某种商品的主要生产出口国之间，或者主要生产国与主要进口国之间，为了稳定或者操纵该种商品的世界市场价格，获得足够的垄断利润，保证世界范围内的供求基本平衡而签订的多边国际协议。

国际商品协定的重要目标是维持初级产品国际市场价格的稳定，保证重要的初级产品的合理分配。初级产品主要由发展中国家生产、工业发达国家消费，因此签订国际商品协定不仅是发展中国家所期望的，也是发达国家所期望的。

国际商品协定的运行机制有三种，分别是缓冲存货机制、出口限额机制和多边合同机制。

三、贸易条约和协定所适用的法律原则

（一）最惠国待遇原则

1.最惠国待遇的定义

最惠国待遇（Most Favored Nation Treatment，简称"MFNT"）是贸易条约和协定中的一项重要条款，它是指缔约国一方现在和将来给予任何第三方的一切特权、优惠和豁免，也同样给予缔约对方。

2.最惠国待遇的主要内容

最惠国待遇范围广泛，其中主要的是进出口商品的关税待遇。在贸易协定中一般包括以下内容：

（1）有关进口、出口或者过境商品的关税和其他捐税。

（2）在商品进口、出口、过境、存仓和换船方面的有关海关规定、手续和费用。

（3）进出口许可证的发放。在通商航海条约中，最惠国待遇条款适用的范围还要大些，把缔约国一方的船舶和船上货物驶入、驶出和停泊时的各种税收、费用和手续等也包括在内。

3.最惠国待遇的分类

最惠国待遇按照有无条件，分为有条件和无条件两种，两者的区别在于授予第三方的利益、优惠、豁免或特权是否附有条件。

（1）无条件的最惠国待遇，是指缔约一方给予任何第三方的一切利益、优惠、豁免或特权应立即无条件地、无补偿地、自动地适用于缔约对方。现在的贸易条约和协定一般都采用无条件的最惠国待遇条款。

（2）有条件的最惠国待遇条款，是指缔约一方已经或将来要给予任何第三方的利益、优惠、豁免或特权是有条件的，缔约另一方必须提供"相应的补偿"，才能享有这种利益、优惠、豁免或特权。

4.最惠国待遇适用的例外情况

目前，发达国家给予发展中国家的普遍优惠的关税优惠待遇、缔约关税同盟间的特惠待遇和涉及国家安全等情况，都作为使用最惠国待遇的例外，不适用最惠国待遇。

（二）国民待遇原则

1.国民待遇的定义

国民待遇（National Treatment）是指缔约国一方保证缔约国另一方的公民、企业和船舶在本国境内在经济上享受与本国公民、企业和船舶同等的待遇。国民待遇原则是

最惠国待遇原则的重要补充。

2.国民待遇的适用范围

国民待遇的适用范围通常包括：外国公民的私人经济权利、外国产品应缴纳的国内税、利用铁路运输转口过境的条件、船舶在港口的待遇、商标注册、著作权及发明专利权的保护，等等。但沿海航行权、领海捕鱼权、土地购买权、零售贸易权等通常不包括在内。

········○ **思辨提升** ○········

问题　贸易条约与关税、非关税等对外贸易措施相比，有何不同？

分析提示　贸易条约是贸易双方的国际通行规范，一般由国际性组织制定并获得组织成员国认可，属国际贸易规则。关税、非关税等贸易措施是一国根据自身经济贸易发展情况而采取的保护性政策，只对本国进出口贸易有限制作用。

［知识二］ 世界贸易组织

一、关税与贸易总协定

（一）关税与贸易总协定的产生

关税与贸易总协定（General Agreement on Tariffs and Trade，简称"GATT"），简称"关贸总协定"，是美国出于自身利益考虑，联合世界上23个国家于1947年10月30日在日内瓦签订的关于调整缔约国对外贸易政策和国际贸易关系方面的协定。它是一个临时性的国际多边贸易协定。

（二）关税与贸易总协定的原则

关税与贸易总协定的原则包括：（1）非歧视原则；（2）关税保护原则；（3）取消数量限制原则；（4）透明度原则；（5）公平贸易原则；（6）互惠原则；（7）贸易争端的磋商解决原则；（8）对发展中国家特别优惠的原则；（9）区域性贸易安排原则；（10）合理保障原则。

（三）关税与贸易总协定的作用

关税与贸易总协定实施以后即开始进行全球多边贸易谈判。40多年来，经过多国关税及贸易中协定关税减让谈判，缔约国关税已大幅度削减，世界贸易增长十几倍，其在国际贸易领域内所发挥的作用越来越大，主要表现在以下几个方面：

1.为各成员国提供了一套处理它们之间贸易关系的原则及规章。关贸总协定通过签署大量协议，不断丰富、完善多边贸易体制的法律规范，对国际贸易进行全面的协调和管理。

2.为解决各成员国在相互的贸易关系中所产生的矛盾和纠纷提供了场所和规则。关贸总协定为了解决各成员国在国际贸易关系中所产生的矛盾和争议，制定了一套调处各成员国争议的程序和方法。

3.为成员国举行关税减让谈判提供了可能和指导方针。关贸总协定自成立后，进行过八大回合的多边贸易谈判，各国关税税率有了较大幅度的下降。发达国家的平均关税已从1948年的36%降到20世纪90年代中期的3.8%，发展中国家和地区同期降至12.7%。这种大幅度的关税减让对于推动国际贸易的发展起了很大作用，为实现贸易自由化创造了条件。

4.为发展中国家提供了与发达国家对话的机会，使它们从关贸总协定中获得贸易实惠。随着发展中国家成员国的增多和力量的壮大，关贸总协定中增加了若干有利于发展中国家的条款，为发展中国家分享国际贸易利益起到了积极作用。

（四）关税与贸易总协定的局限

由于关贸总协定不是一个正式的国际组织，这使它在体制上有着多方面的局限性：

1.有些规则缺乏法律约束，难以对违规者作出制裁。加上其本身不具有法人主体的身份，缺乏必要的检查和监督手段。

2.管理范围有限，服务贸易问题、知识产权问题、投资问题等未纳入协调的范围。而且，货物贸易也不全面，如农产品、纺织品和服装等始终游离于关贸总协定之外。

3.解决争端的机制不够健全，解决程序分散，缺乏系统性。虽然关贸总协定为解决国际商业争端建立了一套制度，但由于总协定解决争端的手段主要是调解，缺乏强制性，容易使争端久拖不决。

正是由于上述种种局限性，关贸总协定这个临时性准国际贸易组织最终被世界贸易组织所取代。

二、世界贸易组织

（一）世界贸易组织的产生

尽管关贸总协定只是一个临时性的协定，但它通过协调和处理各国贸易关系的多边贸易体制，对于战后国际贸易的发展，还是起到了巨大的促进作用。1994年4月15日，原关税与贸易总协定的缔约方在马拉喀什订立了《建立世界贸易组织协定》，宣布成立世界贸易组织，取代原来的关税与贸易总协定。

世界贸易组织（World Trade Organization，简称"WTO"），简称"世贸组织"，成立于1995年1月1日，总部设在瑞士日内瓦，是世界上唯一处理国与国之间贸易规则的国际组织。它与世界银行和国际货币基金组织并称为当今世界经济体系的三大支柱。到目前为止，世贸组织共有164个成员国，成员国贸易总额达到全球的97%，有"经济联合国"之称。

（二）世界贸易组织的宗旨和职能

1.世界贸易组织的宗旨

（1）提高生活水平，保证充分就业和大幅度、稳步提高实际收入和有效需求；

（2）扩大货物和服务的生产与贸易；

（3）坚持走可持续发展之路，各成员方应促进对世界资源的最优利用、保护和维护环境，并以符合不同经济发展水平下各成员需要的方式，加强采取各种相应的措施；

图7-1　世界贸易组织标志

（4）积极努力确保发展中国家，尤其是最不发达国家在国际贸易增长中获得与其经济发展水平相适应的份额和利益，建立一体化的多边贸易体制；

（5）通过实质性削减关税等措施，建立一个完整的、更具活力的、持久的多边贸易体制；

（6）以开放、平等、互惠的原则，逐步调降各会员国关税与非关税贸易障碍，并消除各会员国在国际贸易上的歧视待遇。

2.世界贸易组织的职能

世界贸易组织的基本宗旨是：通过实施市场开放、非歧视和公平贸易等原则，来推动世界贸易自由化目标的实现。其具体职能包括：

（1）管理协议并促进协议的执行、运作；

（2）组织谈判；

（3）解决贸易争端；

（4）审议贸易政策、法规；

（5）协调与其他国际经济组织的关系；

（6）对发展中国家和最不发达国家提供技术援助及培训。

（三）世界贸易组织的组织机构

1.部长会议

部长会议是世界贸易组织的最高决策机构。由全体成员的部长组成，至少每两年召开一次会议，主要职责是就重大问题作出决策。

2.总理事会

总理事会在部长级会议休会期间代行其职能。它有两项具体职能，履行争端解决机构的职能，以及履行贸易政策审议机构的职能。总理事会下设争端解决机构、贸易政策评审机构和其他附属机构等。

3.理事会

理事会是总理事会的下设机构，其中货物贸易理事会、服务贸易理事会以及与贸易有关的知识产权理事会是最重要的理事会。

4.各专门委员会

部长级会议设立各专门委员会，各专门委员会向总理事会直接负责。各专门委员会包括：贸易与发展委员会（下设最不发达国家分委员会），贸易与环境委员会，国际收支限制委员会，区域贸易协议委员会，预算、财务与行政委员会，民用航空器贸易委员会和政府采购委员会。

5.秘书处

秘书处由总干事领导，处理日常事务；总干事由部长级会议任命；总干事任命秘书处人员。

6.其他机构

其他机构主要包括临时性机构、工作组和谈判组等。

（四）世界贸易组织的基本原则

1.非歧视性原则

这是世界贸易组织最基本、最重要的原则，是世界贸易组织的基石，是避免贸易歧视和摩擦的重要手段，是实现各国间平等贸易的重要保证。这一原则包括两个方面，最惠国待遇和国民待遇。

成员一般不能在贸易伙伴之间实行歧视，给予一个成员的优惠，也应同样给予其他成员，这就是最惠国待遇。国民待遇是指对外国的货物、服务以及知识产权应与本地同等对待。二者的区别在于，前者不对来自不同国家的产品实行歧视待遇，后者不对外国产品和本国产品实行歧视待遇。

2.互惠原则

互惠原则也叫对等原则，是指两成员方在国际贸易中相互给予对方贸易上的优惠待遇。它明确了成员方在关税与贸易谈判中必须采取的基本立场和相互之间必须建立一种什么样的贸易关系。是世贸组织的重要原则之一。

3.透明度原则

透明度原则是指，世贸组织成员方应公布所制定和实施的贸易措施及其变化情况，没有公布的措施不得实施，同时还应将这些贸易措施及其变化情况通知世贸组织。此外，成员方所参加的有关影响国际贸易政策的国际协定，也应及时公布和通知世贸组织。

透明度原则是世贸组织的重要原则，它体现在世贸组织的主要协定、协议中。

4.市场准入原则

世界贸易组织的市场准入原则是可见的和不断增长的，它以要求各国开放市场为目的，有计划、有步骤、分阶段地实现最大限度的贸易自由化。市场准入原则的主要内容包括关税保护与减让和取消数量限制。世贸组织倡导最终取消一切贸易壁垒，包括关税和非关税壁垒，虽然关税壁垒仍然是世界贸易组织所允许的合法的保护手段，但是关税的水平必须是不断下降的。

知识窗

关税保护与减让：关税能使各国的贸易保护情况一目了然，各国都应遵循互惠的原则，通过关税减让谈判，逐步降低关税水平，不得随意提高。

取消数量限制：数量限制作为一种非关税壁垒措施被熟知，它通过限制外国进口商品的数量达到保护本国商品的目的，大大阻碍了公平竞争，因此将其列入取消之列。

5.公平竞争原则

世界贸易组织不允许缔约国以不公正的贸易手段进行不公平竞争，特别禁止采取倾销和补贴的形式出口商品，对倾销和补贴都作了明确的规定，制定了具体而详细的实施办法，世界贸易组织主张采取公正的贸易手段进行公平的竞争。

6.对发展中国家特别优惠原则

该原则以帮助和促进发展中国家的经济迅速发展为目的，针对发展中国家和经济接轨国家而制定，是给予这些国家的特殊优惠待遇。如允许发展中国家在一定范围内实施进口数量限制或是提高关税的"政府对经济发展援助"条款，仅要求发达国家单方面承担义务，而发展中国家无偿享有某些特定优惠的"贸易和发展条款"。该原则确立了发达国家给予发展中国家和转型国家更长的过渡期待遇和普惠制待遇的合法性。

（五）世界贸易组织的特点

世贸组织是在关贸总协定的基础上建立的，并形成了一整套较为完备的国际法律规则，与关贸总协定相比，它具有以下特点：

1.世贸组织是具有国际法人资格的永久性国际组织。世贸组织现行所达成的协定都具有法律效力，所有成员国都必须"一揽子"参加，与关贸总协定的许多协定可以由成员方选择性地参加或提出保留有所不同。

2.世贸组织管辖的范围明显扩大。它不仅包括已有的货物贸易方面的规则，而且还管理如服务贸易、投资与知识产权、纺织品和服装贸易等。其协调与监督的范围远远大于原关贸总协定的管辖范围，从而强化了世界多边贸易体系的职能作用。

3.争端解决机制更完善。世贸组织的争端解决机制采用反向协商一致的原则，裁决具有自动执行的效力，同时明确了争端解决和裁决实施的时间表。因此，世贸组织争端裁决的实施更容易得到保证，争端解决机制的效率更高。

知识窗

世贸组织争端解决机制是成员间就国际贸易争端的解决所必须遵从的国际法律实体和程序，是一种集各种政治方法、法律方法于一体的综合性争端解决体制，具有外交和司法两种属性。

争端解决程序：①强制性的双边协商；②选择性的调停、调解、斡旋；③公正独立的专家小组程序；④上诉审查程序；⑤争议解决机构的接受或批准；⑥受监控和管制的制裁程序。

4.建立了贸易政策评审机制。所有成员方均要接受政策定期审议。依据各成员在世界贸易中的比重确定审议期限，世界上最大的4个贸易体（美国、欧盟、中国、德国）每两年接受一次审议；在世界贸易中，排名第5至第20位的成员方每4年接受一次审议；其余成员每6年或8年接受一次审议。这不仅促进了各国贸易政策的透明化，还有助于世贸组织在整个国际经济贸易领域中发挥重大作用。

（六）世界贸易组织对世界经济贸易的影响

1.促进世界经济贸易的增长；

2.促进国际服务贸易和国际投资的加速发展；

3.促进世界经济和世界市场的全球化；

4.全球范围内的经济贸易竞争将会更加激烈；

5.跨国公司的经营范围将继续扩大。

········○ **思辨提升** ○········

问　题　思考一下，世界贸易组织一般与哪些组织合作？

分析提示　　世界贸易组织主要是与政府间国际组织合作，如世界银行和国际货币基金组织。随着市民社会概念的兴起，与非政府组织的合作也成为世界贸易组织工作日程中越来越重要的部分。

［ 知识三 ］　中国与世界贸易组织

一、中国入世的背景和历程

（一）复关谈判阶段（1986年7月至1995年1月）

1986年7月10日，中国正式向关贸总协定提出恢复关贸总协定缔约国地位的申请。1987年3月，关贸总协定成立了中国工作组，负责审议中国的"复关"问题。

在复关谈判中，美国等发达国家为维护自己国家的利益，提出各种各样苛刻的要求以阻挠中国成功恢复缔约国地位。加上当时特殊的政治和经济原因，我国的复关谈判最终未能达成协议，未能恢复关贸总协定的缔约国地位。

自1995年世贸组织成立并正式运行，中国的复关谈判正式转为入世谈判。

（二）入世谈判阶段（1995年1月至2001年11月）

经过多次磋商和谈判，1995年6月3日，中国成为世贸组织观察员。1995年7月11日，中国正式提出加入世贸组织的申请。

1998年，美国总统克林顿首次访问中国，释放积极信号。1999年11月15日，中美双方签署了《中美关于中国加入世界贸易组织的双边协议》。在历经15年的努力后，中国终于在2001年12月11日正式加入了世界贸易组织，并成为其第143个成员。

二、入世对中国经济发展的意义

（一）法律法规体系逐渐完善

入世数十年来，中国不断向国际规则靠拢。为使中国的法律环境与世贸组织规则相一致，我国累计修改了2000多项涉及经贸方面的法律、规章和制度，废除了800多项法规。商务部出台了一系列对外贸易经营相关法律法规，修订后的《专利法》《商标法》和《著作权法》扩大了受保护权利的范围。

（二）国际贸易量和贸易额都大幅增加

中国入世后最直接的变化便是国际贸易量和国际贸易额的增加。中国入世十余年来，进出口规模增长近六倍，已经成为世界第二大进口国，是仅次于美国的世界第二经济大国，也是世界市场的重要组成部分。

（三）促进经济结构和生产方式的改变

入世后，各类商品的生产面对的是国际市场的激烈竞争，国内的进口竞争部门就不得不进行产业调整。新资源更多地投向那些有竞争力的部门和有潜力的新兴产业。同时，随着旅游、贸易、保险、电信等服务贸易领域的开放，外国公司的大量资本也投向这些发展潜力巨大的行业，第三产业迅速发展。

我国的出口量虽然很大，但多为低端制造业产品，利润微薄。同时大量的出口还引发了许多贸易争端。目前，为了摆脱这样的被动局面，国家正大力提倡自主创新，实施品牌战略，转变生产方式。

（四）国际影响力大大提高，发展的外部环境明显改善

国际货币基金组织主办的季刊《金融与发展》提出："中国的GDP每增长1个百分点，就将带动世界其他各国的GDP增长0.4个百分点。"入世带来的大量订单，令中国制造繁荣一时，成群结队的中国农民涌入长三角、珠三角，低廉的劳动成本使得"中国制造"行销全世界。如今，从美国人的被子到意大利人的皮鞋，从俄罗斯人穿的衣服到科特迪瓦人使用的餐具，几乎都能发现"Made in China"的影子。

三、中国入世对世界经济发展的意义

入世后，中国与世界其他各国的经贸关系日益密切，特别是亚洲周边国家和地区更是如此。中国以发展中大国的身份逐渐融入了世界经济，并发挥着越来越重要的作用。

中国有着广阔的市场，加上中国的入世和实行更加开放的政策，这都对国际资本产生了极大的吸引力，中国成为名副其实的全球贸易大国、外资利用大国。

随着中国市场的进一步开放，世贸组织的其他成员也对中国逐步开放其市场，提供贸易投资便利。中国不断将国外资金和技术"引进来"，与此同时也积极实施"走出去"战略，鼓励有条件的中国企业到境外开展工程承包、投资办厂和共同开发资源。

依靠中国巨大的市场容量和消费需求，世界各国获得了不同程度的益处。中国经济的迅速成长为全球经贸发展提供了前所未有的机遇，促进了全球贸易的繁荣，也推动了世界贸易格局的新调整。

······○ **思 辨 提 升** ○······

2018年是中国加入世贸组织的第18个年头，回眸入世以来的不平凡历程，中国经历了调整，付出了努力，日渐成长为一个成熟的贸易大国，惠及自身，也惠及世界。简要说明你对中国加入世贸组织以后"惠及自身，也惠及世界"的理解。

巩固练习
GONG GU LIAN XI

一、单项选择题

1. 下列（　　）一般由国家首脑或其特派的全权代表来签订。

　　A.贸易条约　　　　　　　　　　B.贸易协定

　　C.支付协定　　　　　　　　　　D.国际商品协定

2. 中国于（　　）正式加入世界贸易组织。

　　A. 1995年1月1日　　　　　　　B. 1999年11月1日

　　C. 2001年12月11日　　　　　　D. 2010年12月11日

3. 世贸组织最基本的的一项原则是（　　）。

　　A.非歧视原则　　　　　　　　　B.互惠原则

　　C.透明度原则　　　　　　　　　D.公平竞争原则

二、简答题

1. 世贸组织的组织机构有哪些？

2. 世贸组织的特点是什么？

3.简述世贸组织的基本原则。

4.简述世贸组织对中国产生的影响。

实战演练

SHI ZHAN YAN LIAN >>>

> **训练内容**
>
> ①3—4人为小组进行知识竞赛，轮流提问。
>
> ②内部比拼，以积分的形式评选出第一名。
>
> **提示**
>
> 同学们可在已掌握的世界贸易组织相关知识的基础上，利用网络收集相关资料，互相提问。

学习评价

XUE XI PING JIA >>>

利用所学知识完成学习效果评价表，并在对应的评价栏中给予相应评价。

内容	简要介绍	评价				
		很好	好	一般	差	很差
贸易条约和协定的含义、类型						
世界贸易组织的宗旨、职能以及原则						
中国与世界贸易组织的关系						

项目八
当代国际贸易的发展趋势

案例导入 >>>
AN LI DAO RU

海尔集团的国际化经营

从一家资不抵债、濒临倒闭的集体小厂发展成为全球最大的家用电器制造商，海尔集团已是中国人十分熟悉的企业。不仅是营业额，海尔集团在企业的国际化方面也取得了骄人的业绩。截至2016年底，海尔集团在全球已有10个研发中心、21个工业园、66个贸易公司、143330个销售网点，用户遍布全球100多个国家和地区。

海尔集团在迅速发展成为中国家电行业的排头兵以后，就把经营目标瞄准了国际市场。1986年，海尔集团的电冰箱首次出口就获得了300万美元的销售额，出口的成功增加了海尔集团开拓国际市场的勇气和信心。1992年，海尔集团获得了ISO9001质量体系认证，也就是在这一年，在德国的有关机构对本国市场的电冰箱质量的检查中，海尔冰箱以全优的成绩首次超过了自己的师傅——德国生产的冰箱。为更好地开拓国际市场，海尔集团先后取得了美国、欧盟、日本、澳大利亚、俄罗斯等国家和地区共18类产品的论证，使自己的产品可以畅通无阻地出口到全世界的87个国家和地区。1996年，海尔集团获得ISO14001国际环境质量体系的认证，1996年11月获得欧盟EN45001实验室的论证，1998年6月获得加拿大CSA全权认证。这也就意味着，海尔集团的产品只需要经海尔集团技术中心检验合格，就可以方便地实现出口，进入国际市场。

在出口取得巨大成功的同时，海尔集团开始把目光瞄准国际投资领域。1996年12月，印度尼西亚海尔保罗有限公司在雅加达成立；1997年6月，菲律宾海尔LKG电气有限公司成立；1997年8月，马来西亚海尔工业（亚细亚）有限公司成立；1997年11月，南斯拉夫海尔空调厂建立；1998年2月，海尔中东有限公司在伊朗成立；1999年4月，海尔在美国南卡罗莱那州投资建立了电冰箱生产公司，在世界市场最大也是竞争最为激烈的美国实现了实质性的跨国经营。

思考：海尔集团成功实现跨国经营，并成为国际性企业的经验有哪些？

［知识一］ 国际贸易发展的趋势

一、经济一体化

（一）经济一体化的含义

经济一体化（Economic Intergration）是指两个或两个以上的国家在现有生产力发展水平和国际分工的基础上，由政府间通过协商缔结条约，建立多国的经济联盟。在这个多国经济联盟的区域内，商品、资本和劳务能够自由流动，不存在任何贸易壁垒，并拥有一个统一的机构，来监督条约的执行和实施共同的政策及措施。

（二）经济一体化的形式

根据各参加国的具体情况和条件以及它们的目标要求，经济一体化有特惠关税区、自由贸易区、关税同盟、共同市场和经济联盟等多种形式。

1.特惠关税区

特惠关税区（Preferential Tariff Zone）又称优惠贸易安排，是指在成员国之间相互给予关税减让的优惠待遇。特惠关税区的税率比最惠国税率还低，但成员国之间仍有一定程度的关税存在，它是发展程度低、最松散也最易行的区域一体化组织形式。例如1932年英国与英帝国的成员建立的英帝国特惠制，就属于这种形式。

2.自由贸易区

自由贸易区（Free Trade Area）是指由签订自由贸易协定的国家组成的贸易区。成员国之间免征关税和取消其他贸易限制，但对区外国家仍保持各自的关税和限额。例如欧洲自由贸易同盟（European Free Trade Association，简称"EFTA"）就属于这种形式。

3.关税同盟

关税同盟（Customs Union）是指两个或两个以上国家为了取消彼此之间的关税或各种贸易壁垒，建立共同的对外关税而缔结的同盟。同盟内部商品可以自由流通和竞争。关税同盟在一体化程度上比自由贸易区进了一步。例如安第斯条约组织、西非经济共同体、东非共同市场等就属于这种形式。

4.共同市场

共同市场（Common Market）是指在关税同盟基础上实现生产要素的自由流动，在同盟内建立关税、贸易和市场一体化，其最终目标是要实现完全的经济联盟。例如欧洲共同市场就属于这种形式。

5.经济联盟

经济联盟（Economic Union）是指参加国除了达到关税同盟的要求外，还需制定某些共同的经济政策，在货币金融方面进行协调，实现同盟内各种商品和生产要素的自由活动，是经济一体化的最终发展目标和最高级的形式。它要求成员国在实现关税、贸易和市场一体化的基础上，建立一个超国家的管理机构，在国际经济决策中采取同一立场，实行统一的货币制度和组建统一的银行机构，进而在经济、财政、货币、关税、贸易和市场等方面实现全面的经济一体化，例如欧洲共同体就属于这种形式。

知识窗

欧洲联盟（European Union，简称"EU"），总部设在比利时首都布鲁塞尔，是由欧洲共同体发展而来的，初始成员国有6个，分别为法国、联邦德国、意大利、荷兰、比利时和卢森堡。该联盟现拥有28个会员国（其中英国在2016年经由公民投票决定"脱欧"），是经济发展一体化的高级形式。

二、经济全球化

（一）经济全球化的含义

经济全球化（Economic Globalization）是指世界经济活动超越国界，通过对外贸易、资本流动、技术转移、提供服务、相互依存、相互联系而形成的全球范围的有机经济整体的过程。它表现为商品、技术、信息、服务、货币、人员、资金、管理经验等生产要素跨国跨地区的流动。经济全球化是当代世界经济的重要特征之一，也是世界经济发展的重要趋势。

"经济全球化"这个词最早是由特·莱维于1985年提出的，至今还没有一个公认的定义。国际货币基金组织（IMF）认为："经济全球化是指跨国商品与服务贸易及资本流动规模和形式的增加，以及技术的广泛迅速传播使世界各国经济的相互依赖性增强。"而经济合作与发展组织（OECD）认为："经济全球化可以被看作一种过程，在这个过程中，经济、市场、技术与通信形式都越来越具有全球特征，民族性和地方性在减少。"因此，可从三方面理解经济全球化：一是世界各国经济联系的加强和相互依赖程度日益提高；二是各国国内经济规则不断趋于一致；三是国际经济协调机制强化，即各种多边或区域组织对世界经济的协调和约束作用越来越强。总的来讲，经济全球化是指以市场经济为基础，以先进科技和生产力为手段，以发达国家为主导，以最大利润和经济效益为目标，通过分工、贸易、投资、跨国公司和要素流动等，实现各国市场分工与协作，相互融合的过程。

（二）经济全球化的表现

1.贸易自由化

随着全球货物贸易、服务贸易、技术贸易的加速发展，经济全球化促进了世界多边贸易体制的形成，从而加快了国际贸易增长的速度，促进了全球贸易自由化的发展，也使得世贸组织的成员以统一的国际准则来规范自己的行为。

2.生产国际化

生产力作为人类社会发展的根本动力，极大地推动着世界市场的扩大。以互联网为标志的科技革命，从时间和空间上缩小了各国之间的距离，促使世界贸易结构发生巨大变化，生产要素发生跨国流动。它不仅对生产超越国界提出了内在要求，也为全球化生产准备了条件，是推动经济全球化的根本动力。

3.资本全球化

世界性的金融机构网络，大量的金融业务跨国界进行，跨国贷款、跨国证券发行和

跨国并购体系已经形成。世界各主要金融市场在时间上相互接续、价格上相互联动，几秒钟内就能实现上千万亿美元的交易，尤其是外汇市场，已经成为世界上最具流动性和全天候的市场。

4.科技全球化

科技全球化是指各国科技资源在全球范围内的优化配置，这是经济全球化最新拓展和进展迅速的领域，表现为先进技术和研发能力的大规模跨国界转移，跨国界联合研发广泛存在。以信息技术产业为典型代表，各国的技术标准越来越趋向一致，跨国公司巨头通过垄断技术标准，控制了行业的发展，获取了大量的超额利润。

（三）经济全球化的发展趋势

经济全球化是第二次世界大战以来，特别是20世纪90年代以来，世界经济发展的重要趋势。经济全球化的实质是资本的全球化，是生产社会化和经济关系国际化发展的客观趋势。经济全球化是在科学技术和社会生产力发展到更高水平，各国经济相互依存、相互渗透的程度大为提高，阻碍生产要素在全球自由流通的各种壁垒不断减少，经济运行的国际规则逐步形成并不断完善的条件下产生的。

经济全球化是一个历史的过程，其萌芽可以追溯到16世纪。工业革命以后，资本主义商品经济和现代工业、交通运输业迅速发展，世界市场加速扩大，世界各国间的贸易往来大大超过以往水平。20世纪90年代以来，经济全球化得到了迅速的发展，它以科技革命和信息技术发展为先导，涵盖了生产、贸易、金融和投资各个领域，囊括了世界经济和与世界经济相联系的各个方面及全部过程。其主要表现为：国际分工从过去以垂直分工为主发展到以水平分工为主的新阶段；世界贸易增长迅猛和多边贸易体制开始形成；国际资本流动达到空前规模，金融国际化的进程加快；跨国公司对世界经济的影响日增；国际经济协调的作用日益加强；国际组织、区域组织对经济发展的干预作用日益增强。

经济全球化的形成和发展有其客观必然性，这是因为：

（1）新科技革命和生产的高度社会化为经济全球化提供了物质条件；

（2）国际贸易的高度发展为经济全球化提供了现实基础；

（3）国际金融的迅速发展成为经济全球化的重要推动力；

（4）国际间相互投资的发展加速了经济全球化的进程。

三、跨国公司

（一）跨国公司的含义

跨国公司（Transnational Corporation）是指发达资本主义国家的垄断企业，以本国为基地，通过对外直接投资，在世界各地设立分支机构或子公司，从事国际化生产和经营活动的垄断企业，现已成为世界各国普遍采用的公司组织形式。

例如，联想用10亿元收购巴西当地最大的消费电子产品制造商CCE公司，海尔用45亿元收购新西兰最大的家电制造商斐雪派克。而在早些时候，三一重工收购了混凝土巨头德国普茨迈斯特公司，万达鲸吞了美国AMC院线。

（二）跨国公司的特征

1.规模庞大，实力雄厚

跨国公司一般都是以一个实力雄厚的大型公司为主体，通过对外直接投资或收购当地企业的方式，在许多国家建立有子公司或分公司。

2.公司内部实行"一体化"

跨国公司一般都有一个完整的决策体系和最高的决策中心，各子公司或分公司虽各自都有自己的决策机构，都可以根据自己经营的领域和不同特点进行决策活动，但其决策必须服从于最高决策中心。

········○ **思辨提升** ○········

宝洁公司2015年主打沙宣高档系列，而将海飞丝划归为低档市场的主打产品。宝洁中国分公司依据海飞丝高销量的表现，将海飞丝的价格提高20%，请问宝洁中国分公司的做法可行吗？

3.实行全球战略

跨国公司一般都从全球战略出发安排自己的经营活动，在世界范围内寻求市场和合理的生产布局，定点专业生产，定点销售产品，以追求利润最大化。

4.具有较强的竞争力

跨国公司一般都有强大的经济和技术实力，有快速的信息传递以及资金快速跨国转移等方面的优势，所以在国际上都有较强的竞争力。

5.多具有垄断性

许多大的跨国公司，由于经济、技术实力或在某些产品生产上的优势，或对某些产品，或在某些地区，都带有不同程度的垄断性。例如在2014年12月，法国反垄断监管机构宣布，对包括宝洁在内的多家个人卫生和清洁用品公司罚款总计9.51亿欧元，因

为它们涉嫌于2003年到2006年期间在超市进行价格垄断。

（三）跨国公司的经营方式

1.横向型多种经营

此类公司主要从事单一产品的生产经营，母公司和子公司很少有专业化分工，但公司内部转移生产技术、销售技能和商标专利等无形资产的数额较大。

2.垂直型多种经营

（1）母公司和子公司生产和经营不同行业的但相互有关的产品。它们是跨行业的公司，主要涉及原材料、初级产品的生产和加工行业，如开采、种植、提炼、加工制造、销售等行业。例如美国的美孚石油公司，它在全球范围内从事石油和天然气的勘探、开采，以管道、油槽和车船运输石油和天然气，经营大型炼油厂，从原油中精炼出最终产品，批发和零售几百种石油衍生产品。

（2）母公司和子公司生产和经营同一行业不同加工程度或工艺阶段的产品，主要涉及汽车、电子等专业化分工水平较高的行业。例如法国的珀若—雪铁龙汽车公司，公司内部实行专业化分工，它在国外的84个子公司和销售机构，分别从事铸模、铸造、发动机、齿轮、减速器、机械加工、组装和销售等各工序的业务，实现了垂直型的生产经营一体化。

3.混合型多种经营

此类公司经营多种产品，母公司和子公司生产不同的产品，经营不同的业务，而且它们之间互不衔接，没有必然联系。例如日本的三菱重工业公司，它原是一家造船公司，后改为混合型多种经营，经营范围包括汽车、建筑机械、发电系统产品、造船和钢构件、化学工业、一般机械、飞机制造业等。

［知识二］ 中国国际贸易发展的前景

一、中国国际贸易发展面临的机遇

（一）我国国际贸易发展面临的外部机遇

1.入世为我国对外贸易带来了巨大的机遇

2001年12月11日我国加入世贸组织后，可以与近150个国家和地区互享最惠国待遇，享有与其他西方国家同等的贸易机会，同时关税减让也让我们的进出口商看到了巨大的利润空间，极大地促进了我国进出口的发展。

2.制造业依然是我国外贸业的最大标签

全球的制造业持续向我国转移，使得我国制造业日益融入全球化生产，有利于我国制造工业的持续增长。我国现在已成为名副其实的"制造大国"，220多种工业品产量居世界第一位，制造业净出口居世界第一位，制造业增加值在世界占比超过1/4。

3.全球经济一体化和经济全球化的趋势愈演愈烈

经济一体化和经济全球化是当今世界不可避免的趋势，我国在这种趋势浪潮中积极应对，不断增强自己的外贸经济实力，力争在这场全球竞争中立于不败之地。

相关链接

2011—2017年中国国内生产总值与人均国内生产总值

2011—2017年中国国内生产总值与人均国内生产总值如表8-1所示：

表8-1　　　2011—2017年中国国内生产总值与人均国内生产总值

年份	国内生产总值（亿元）	人均国内生产总值（元）
2011	473104	35198
2012	519470	38459
2013	588019	41908
2014	636463	47902
2015	689052	50228
2016	744127	53922
2017	827122	62506

（二）我国国际贸易发展面临的内部机遇

1.经济状况良好，经济增长迅速

我国自改革开放以来取得的经济成就世界瞩目，20世纪80年代以来，我国一直是世界上经济增长速度最快的国家。

2.出口产品结构升级，出口产品竞争力增强

我国不断加强自主创新能力，促进国内产业升级，提高外贸发展的运行质量和水平，再加上有良好的基础设施支持，我国的对外贸易潜力十足。

二、中国国际贸易面临的挑战

（一）我国进出口商品的结构单一

我国进出口商品的结构虽较以前有所优化，但初级产品、农产品仍是经济的一个主要支柱。工业制成品的出口比重虽然大大提高，但我国出口的工业制成品中，劳动密集型、低技术、低附加值的产品比重依然较大。我国进出口产品存在着市场单一的弊端，抵御市场风险的能力较弱，这就要求我们调整进出口商品结构，实施进口替代战略和出口导向战略，使我国的工业生产面向世界市场，优化进出口商品结构。

> **知识窗**
>
> 进口替代战略是通过建立和发展本国的制造业和其他工业，替代过去的制成品进口，以带动经济增长，实现工业化，纠正贸易逆差，平衡国际收支。为实现进口替代的目标，一般采取贸易保护和鼓励出口的政策。
>
> 出口导向战略也称出口替代战略，是指国家采取种种措施促进面向出口的工业部门的发展，以非传统的出口产品来代替传统的初级产品，扩大对外贸易，使出口产品多样化，以推动工业和整个经济的发展。

（二）外国贸易保护主义阻碍我国出口贸易的发展

在技术性贸易壁垒迅速发展的今天，美、日、欧盟等一些发达国家和地区凭借在科技、管理、环保等方面的优势，设置了以技术法规、技术标准、合格评定程序为主要内容的技术性贸易壁垒，对市场准入设置了极为严格的条件。我国相当数量的传统优势出口产品（包括纺织品、农产品、机电产品）屡屡遭到国外技术性贸易壁垒的限制，企业遭受的损失之大已经严重影响到我国的外贸出口。这就要求我们积极应对各种贸易壁垒，具体可以从以下几方面入手：

1.积极参与标准制定，加强双边认证。要积极参与制定贸易标准和有关电子商务的标准，严格推行ISO9000和ISO14000的认证。

2.积极推广国家标准适用。我国在进行国际经济合作时，要积极推广我国标准的使用，这有利于我国企业控制出口市场。

3.企业要正确认识技术性贸易壁垒产生的根本原因，灵活应对。

4.企业应注重在日常生产经营中强化保护消费者权益和生态环境等意识，积极将这些意识体现在产品的技术标准中，敢于对产品高标准、严要求。

5.企业要提高创新能力。技术性贸易壁垒是利用科技手段形成的，这就提示我们，企业要以市场为导向，与科技部门、质量监督部门携手，注重科技创新，开发属于自己的核心技术，应对挑战。

（三）经济全球化与区域经济一体化使我国经济的发展承受着巨大压力

经济全球化和区域经济一体化使国家和地区间的以科技为主要内容的竞争更为激烈，利益角逐更加白热化。发达国家凭借其在综合经济实力、科技实力、人才和信息占有、市场经济制度和贸易规则的完善程度等方面的优势，必然会在一定时期、某些领域占据有利地位。同时，现代市场越来越呈现出高技术含量、高适用性、高产品质量、高水平服务和低成本销售的特点，这也必将使很少具有上述特点的我国承受更大的竞争压力。在知识经济时代，我国作为发展中国家，承受着经济发展的巨大压力，消除我国和发达国家经济差距的难度将加大。这就要求我们提高劳动生产率，实现劳动力战略转移，从而提高整个国家的经济实力。

机遇与挑战并存，这是我国国际贸易发展在未来很长一段时间内的发展趋势，只有抓住机会、应对挑战，我国的国际贸易才能在强大的国外竞争者面前获得更大的发展。

巩固练习
GONG GU LIAN XI >>>

一、单项选择题

1.经济一体化的最终发展目标和最高级的形式是（　　）。

    A.特惠关税区　　　　B.自由贸易区　　　　C.关税同盟　　　　D.经济联盟

2.安第斯条约组织、西非经济共同体、东非共同市场等属于（　　）形式。

    A.特惠关税区　　　　B.自由贸易区　　　　C.关税同盟　　　　D.共同市场

3.欧洲自由贸易同盟属于（　　）形式。

    A.特惠关税区　　　　B.自由贸易区　　　　C.关税同盟　　　　D.共同市场

4.法国的珀若—雪铁龙汽车公司内部实行专业化分工，它在国外的84个子公司和销售机构，分别从事铸模、铸造、发动机、齿轮、减速器、机械加工、组装和销售等各工序的业务，这属于（　　）跨国公司。

    A.横向型经营　　　　B.水平型经营　　　　C.垂直型经营　　　　D.混合型经营

5.我国外贸业的最大标签是（　　）。

    A.农业　　　　　　　B.制造业　　　　　　C.高科技　　　　　　D.服务业

二、简答题

1. 经济一体化的主要形式有哪些？

2. 跨国公司的特征有哪些？

3. 跨国公司的经营方式有哪些？

4. 简述我国国际贸易发展面临的机遇和挑战。

实战演练
SHI ZHAN YAN LIAN

训练内容

班级分为两个小组，针对"我国对外贸易的机遇大于挑战"和"我国对外贸易的挑战大于机遇"开展辩论会。

提示

①两小组各推选出 3 名辩论代表。

②两小组各自就己方论点收集有利信息，并进行整理。

③在辩论开始前，辩论代表应与己方成员进行沟通，群策群力，形成最佳辩论方案。

学习评价
XUE XI PING JIA

利用所学知识完成学习效果评价表，并在对应的评价栏中给予相应评价。

内容	简要介绍	评价				
		很好	好	一般	差	很差
经济一体化的含义和形式						
经济全球化的表现和发展趋势						
跨国公司的特征及经营方式						
国际贸易发展面临的机遇和挑战						